Research and
Development Support System for
Innovative Enterprises

创新型企业研发支撑体系研究

王 菊◎著

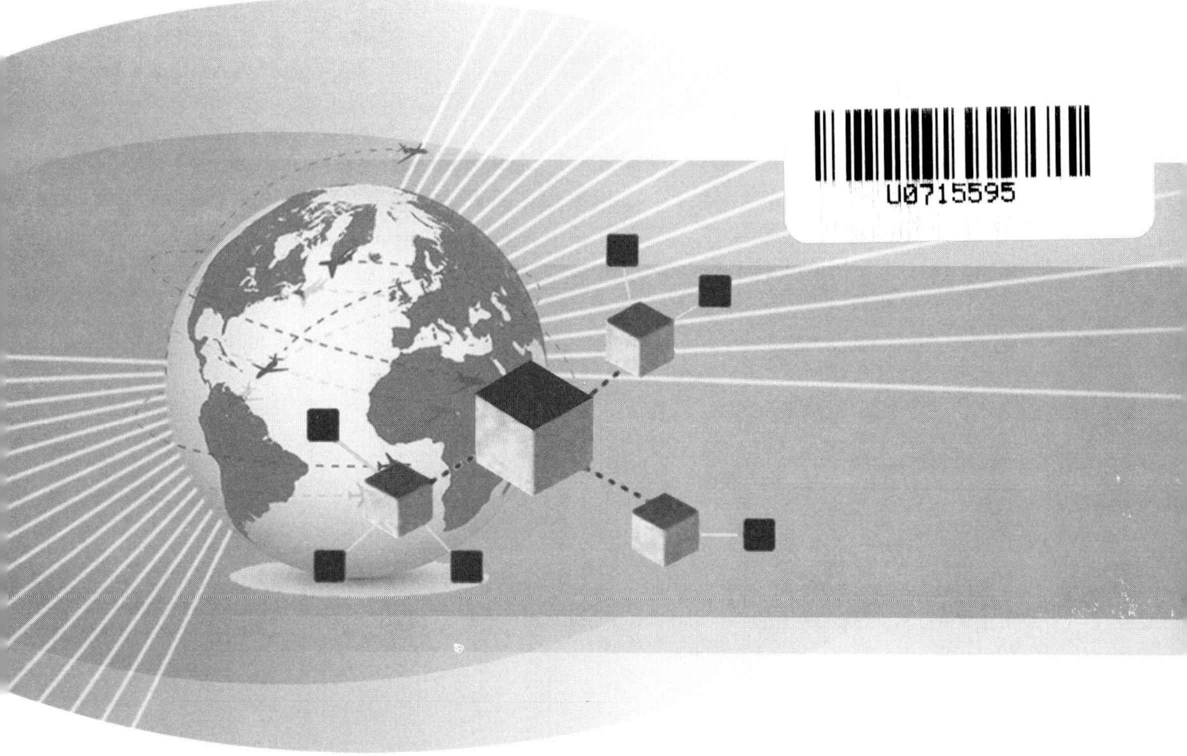

经济管理出版社
ECONOMY & MANAGEMENT PUBLISHING HOUSE

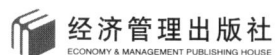

图书在版编目（CIP）数据

创新型企业研发支撑体系研究/王菊著.—北京：经济管理出版社，2018.8
ISBN 978－7－5096－6115－4

Ⅰ.①创… Ⅱ.①王… Ⅲ.①高技术企业—技术开发—研究 Ⅳ.①F276.44

中国版本图书馆 CIP 数据核字（2018）第 241999 号

组稿编辑：高　娅
责任编辑：高　娅
责任印制：司东翔
责任校对：王纪慧

出版发行：经济管理出版社
　　　　　（北京市海淀区北蜂窝 8 号中雅大厦 A 座 11 层　100038）
网　　址：www.E－mp.com.cn
电　　话：（010）51915602
印　　刷：北京玺诚印务有限公司
经　　销：新华书店
开　　本：720mm×1000mm/16
印　　张：11.75
字　　数：204 千字
版　　次：2018 年 8 月第 1 版　2018 年 8 月第 1 次印刷
书　　号：ISBN 978－7－5096－6115－4
定　　价：58.00 元

·版权所有　翻印必究·
凡购本社图书，如有印装错误，由本社读者服务部负责调换。
联系地址：北京阜外月坛北小街 2 号
电话：（010）68022974　邮编：100836

前　言

研发是企业获得和保持技术创新能力的基础，是企业竞争地位的保障。创新型企业对研发尤为重要，并且凭借良好的研发能力获得了理想的创新绩效。创新型企业的研发支撑体系是否高效，关系到研发活动能否顺利开展，以及研发周期的长短和能够取得理想的研发成果。然而，现有文献对于微观层面的企业研发支撑体系的研究还比较少，本书着眼于创新型企业内部，通过理论分析和实地调研，对其研发支撑体系进行了研究。本书首先梳理了创新型企业的概念、创新型企业研发支撑体系的概念以及相关的理论基础——技术创新理论、研发管理理论、研发组织理论、创新生态系统理论。然后对创新型企业研发支撑体系模式的选择进行了探讨，提出了模式类型、模式选择的影响因素、研发支撑体系的作用机理。在此基础上，利用创新生态系统理论解读了创新型企业研发支撑体系，分析了研发支撑体系的结构。最后是实证研究部分，用量化方法界定了创新型企业，构建了研发支撑体系有效性模型，通过问卷获取数据，对创新型企业研发支撑体系的有效性进行了评价。

本书的主要研究内容如下：

第一，提出了创新型企业和创新型企业研发支撑体系的概念，并进行了定性和定量的分析。创新型企业可以从四个方面进行界定，分别是创新绩效、创新能力、企业文化、企业行为。本书利用 BP 神经网络分析法，构建了创新型企业评价模型，设计了创新型企业评价指标体系。利用问卷调查的数据，对被调查企业进行逐一评价，最后选择出符合条件的企业，为今后的进一步研究打下基础。创新型企业研发支撑体系定义为：创新型企业为了获得和保持创新优势和创新能力，取得创新绩效对企业研究和开发活动给予的全方位支持的系统。

第二，分析了创新型企业研发支撑体系模式的类型和选择影响因素、研发支撑体系的作用机理。按照创新类型和创新资源两个维度，可以把创新型企业研发支撑体系划分为四类，即内部持续模式、基础研发模式、网络合作模式和外部引入模式。创新型企业研发支撑体系模式选择的影响因素，包括外部环境和内部影响因素。外部环境是影响企业内在创新动力和研发支撑模式选择的重要因素。本书将创新型企业研发支撑体系模式选择的外部影响因素分为政策环境因素、行业环境因素、技术环境因素和市场需求因素四类。内部影响因素分为创新意识、创新资源、创新战略、创新能力和创新文化。创新型企业研发支撑体系作用机理、内部因素和外部因素共同决定了研发支撑体系模式的选择，模式又决定了创新绩效。

第三，利用生态系统理论解读了创新型企业研发支撑体系。首先，提出了企业内部技术创新生态系统的含义和构成，并且绘制了企业创新生态系统图。其次，将企业内部创新系统与生态系统进行了要素对照，对企业内部的创新要素都赋予了生态学含义。对企业内部与研发相关的各要素之间的关系也用生态学术语加以解释。最后，给出企业内部技术创新生态系统的特征。

第四，提出了创新型企业研发支撑体系的结构。对研发支撑体系的各构成要素逐一进行分析和研究：研发支撑体系的管理机制（研发人力资源与激励管理、研发组织结构的设置、研发风险管理、研发决策机制）、研发投入、企业文化支撑、知识管理、研发支撑体系与外部资源接口。各要素之间的互动关系也不容忽视，因素之间的有效协作和连接是研发支撑体系高效运转的保障。

第五，构建了创新型企业研发支撑体系有效性评价的指标体系。设定资产报酬率 ROA 为被解释变量；研发支撑的管理机制、研发资金投入和硬件建设、企业研发的企业文化支撑、研发支撑的知识管理、企业研发支撑体系的外部接口为解释变量；分别建立了各解释变量的量表。对实地调研结果进行了描述统计分析，分别进行了信度检验和因子分析效度检验。最后对数据进行了回归分析和假设检验，并就其结果进行了解释。

目 录

第一章 绪论 … 1

第一节 研究目的与意义 … 1
一、理论层面：丰富企业研发与创新相关的理论研究 … 1
二、实践层面：寻求创新不足或创新无效的解决之道 … 7

第二节 研究方法与路线 … 8
一、研究方法 … 8
二、研究的问题 … 9
三、研究路线 … 11

第三节 研究结构安排和创新点 … 11
一、研究结构安排 … 11
二、创新点 … 12

第二章 创新型企业研发支撑体系的理论基础及文献综述 … 14

第一节 创新型企业特征 … 14
一、创新型企业的定义及界定 … 14
二、创新型企业的特征 … 17

第二节 创新型企业研发支撑体系的定义及特征 … 20
一、企业研发支撑体系的定义 … 20
二、创新型企业研发支撑体系的定义 … 22
三、创新型企业研发支撑体系的特征 … 23

第三节　创新型企业研发支撑体系研究的理论基础 …………… 24
　　一、技术创新理论 ……………………………………………… 24
　　二、研发管理理论 ……………………………………………… 27
　　三、企业研发组织理论 ………………………………………… 39
　　四、企业技术创新生态系统理论 ……………………………… 43
第四节　本章小结 …………………………………………………… 47

第三章　创新型企业研发支撑体系的模式选择 …………………… 49

第一节　创新型企业研发支撑体系模式 …………………………… 49
　　一、创新型企业研发支撑体系模式的类型 …………………… 49
　　二、创新型企业研发支撑体系模式的比较研究 ……………… 54
第二节　创新型企业研发支撑体系模式选择的影响因素 ………… 57
　　一、外部影响因素 ……………………………………………… 57
　　二、内部影响因素 ……………………………………………… 62
第三节　创新型企业研发支撑体系作用机理 ……………………… 66
　　一、创新型企业研发支撑体系模式选择 ……………………… 66
　　二、创新型企业研发支撑体系作用机理的生态系统学解释 … 68
第四节　创新型跨国公司的全球研发支撑体系模式研究 ………… 70
　　一、创新型跨国公司全球研发支撑体系的主要模式 ………… 71
　　二、创新型跨国公司全球研发支撑体系模式的演进 ………… 78
第五节　创新型企业研发支撑体系模式选择 ……………………… 80
　　一、模式匹配特征 ……………………………………………… 80
　　二、模式选择机制 ……………………………………………… 82
第六节　本章小结 …………………………………………………… 85

第四章　创新型企业研发支撑体系的生态结构分析 ……………… 87

第一节　创新型企业研发支撑体系的创新生态学分析 …………… 87
　　一、企业内部技术创新生态系统的含义和构成 ……………… 87
　　二、企业内部创新系统与生态系统的要素对照 ……………… 89
　　三、企业内部技术创新生态系统的特征 ……………………… 94
第二节　创新型企业研发支撑体系的结构 ………………………… 98

  一、创新型企业研发支撑的管理机制 …………………………… 100
  二、创新型企业研发投入 ………………………………………… 113
  三、创新型企业研发的企业文化支撑 …………………………… 117
  四、创新型企业研发支撑的知识管理 …………………………… 119
  五、创新型企业研发支撑体系与外部资源的接口 ……………… 124
 第三节 本章小结 ……………………………………………………… 124

第五章 创新型企业研发支撑体系有效性的实证研究 ……………… 126

 第一节 创新型企业评价 ……………………………………………… 126
  一、BP 神经网络分析法 …………………………………………… 126
  二、创新型企业评价指标体系 …………………………………… 127
  三、创新型企业的综合评价 ……………………………………… 130
 第二节 创新型企业研发支撑体系有效性评价指标体系的构建 ……… 133
  一、指标体系构建的原则 ………………………………………… 133
  二、问卷设计 ……………………………………………………… 134
 第三节 创新型企业研发支撑体系有效性评价的数据收集与实证分析 … 141
  一、样本选择 ……………………………………………………… 141
  二、研究主要分析方法 …………………………………………… 142
  三、描述性统计分析 ……………………………………………… 144
  四、信度检验 ……………………………………………………… 146
  五、因子分析及效度检验 ………………………………………… 146
  六、回归分析与假设检验 ………………………………………… 151
  七、统计分析结果解释与探讨 …………………………………… 157
 第四节 本章小结 ……………………………………………………… 161

第六章 结论 ………………………………………………………………… 163

 第一节 主要结论和建议 ……………………………………………… 163
 第二节 研究的不足 …………………………………………………… 166

参考文献 ……………………………………………………………………… 168

第一章

绪 论

技术创新作为经济增长的四要素之一,对经济增长有巨大的推动作用。20世纪90年代以来,由于技术创新要素突飞猛进的发展,发达国家的经济形态由"工业经济"时代转向"新经济"时代。新经济时代的特征之一就是创新,而创新型企业是创新最重要、最活跃的主体。企业是经济增长的主要力量,企业的发展解决了市场的需要,促进生产的效率,带动国家经济的发展。创新型企业的主要创新推动力量就是其研发活动,研发动因来自于企业内部和外部的创新需求,研发成果构成了企业的核心竞争力。企业如何构造研发组织及其支撑体系,如何保证研发组织及其支撑体系的有效运行和资源投入,如何协调研发组织及其支撑体系之间的关系和活动,是本书需要解决的问题。

第一节 研究目的与意义

对创新型企业研发支撑体系模式进行研究具有重要的理论意义和实践意义,前者主要是能够丰富和完善企业研发与创新相关的理论研究,后者则是对寻求创新不足或创新无效现象解决之道的有益尝试。

一、理论层面:丰富企业研发与创新相关的理论研究

截至目前,已有大量国内外学者对企业研发与创新进行了卓有成效的研究,

在多个领域取得了重要研究成果,概括起来,主要集中在以下几个方面:企业研发与创新的界定、企业研发与创新的动机、企业研发与创新的类型、企业研发与创新的方式、企业研发与创新的管理、企业研发与创新的政策、企业研发与创新的理论基础等。

(一)企业研发与创新的界定

Nystrom(1990)、Rickards(1991)指出,创新是创造未来的活动,是将新的概念或知识加以运用的活动,其主要目的是维持企业的核定竞争力,使企业能够持续成长,并使企业在变化的环境中有立足之处。Ulusoy(2003)认为,企业的研发和创新包含了产品的改善、新产品的创造、生产成本的降低等。Afuash(1998)认为,创新属于知识流动和扩散,从事创新和研发的团队从市场、技术、资源及竞争者处获得相关创新机会的信息,并将其应用到产品的设计及产品开发上去,用于为客户提供新的产品或服务。Monhamed M. Z.(1995)提出,越重视创新的企业,越重视推广和执行渐进式的创新以及持续的改善活动,与环境的互动较为频繁,也会安排较多的培训以鼓励员工的创新,较成功的创新也会向员工提供适宜的工作环境。O'Brien 和 Smith(1995)认为,创新主要是为了满足顾客的需求,而外在因素(培训、战略联盟、合作伙伴)、竞争产品、内在能力(企业本身的技术、创造力)、企业文化(鼓励创新和学习、鼓励冒险)等皆有可能影响企业的创新绩效。Amabile 等(1996)认为,创新是指能成功运用企业内部的创意,创造力是一切创新的根本,而企业内部环境则会影响到员工的创造力。

(二)企业研发与创新的动机

来自于企业内部的研发与创新动机:

(1)经济利益。创新理论的创始人熊彼特指出,企业敢于承担市场风险,坚持引进新思想和克服旧障碍,根本原因就在于这样做可以获得高额的利润。获得技术创新成功所带来的经济效益是企业进行技术创新的初衷,是企业市场经营的根本目标。技术创新是提高企业抵御市场风险、实现商业利益的最佳武器。企业基于取得利益的需要,通过企业经营目标直接影响着技术创新行为。企业通过技术创新,改革生产工艺、改进机器设备、寻找新材料以及重新组合各种生产要素等手段,提高产品质量,源源不断地推出新产品,创立自主品牌。这样企业就会在激烈的市场竞争中保持较强的竞争实力,依靠已经建立的质量优势、规模优势、价格优势和品牌优势,获得利润的长期稳定增长,在市场竞争中保持领先地位。可见,利益驱动是企业坚持把技术创新作为发展动力的根本原因[①]。

(2)企业家精神。企业技术创新的一个重要内在动力来源于企业家精神。企业家是企业发展的决策者和领导者,他们对技术创新的理解和热情,决定了企业在激烈变化的市场竞争中的地位。

关于企业家精神的核心,熊彼特在其《经济发展理论》一书中曾将其界定为"经济首创精神",即技术创新精神。企业家精神具有多方面的内涵。归纳起来主要有五个方面:一是基于对社会发展规律的深刻认识,不断寻求和发现促进企业发展创新的机会,专注于改变企业已有的技术体系现状,推动企业不断发展;二是能够虚心听取不同意见,具有科学决策的能力;三是善于理性思考,具有海纳百川的胸怀;四是具有冒险精神,在企业的技术创新活动中,敢于承担潜在的巨大风险,并以百折不挠的拼搏精神去争取成功;五是注重企业文化建设,努力在企业内培育追求变革、追求创新的企业精神,营造出浓烈的以技术创新为荣的企业氛围。

(3)激励机制。企业开展的技术创新活动是一项需要企业中每个员工都参加的复杂系统工程,因而采用积极的激励机制,调动企业内每一个员工从事技术创新的积极性,也就成为企业技术创新的动力因素之一。每个员工都有自己的价值追求,要把员工的个人价值融入企业技术创新的集体价值之中。作为个人主体的员工,追求个人收益最大化是其行为的首要目标,因此要充分运用激励机制对员工的创新行为进行物质奖励,使员工在企业获得由技术创新带来的巨大商业利益的同时,获得自身的利益回报。在满足员工物质利益的同时还要突出他们在企业技术创新活动中的主人地位,全面促进员工在企业技术创新过程中自我价值的提升,满足员工的精神需求。只要科学运用激励机制,企业就会源源不断地获得技术创新的人才支撑保证。

(4)企业文化。企业文化一般指由企业全体员工共同认可的价值观、群体规范及其表现形式,对企业中的个人主体从事技术创新活动有着重要的推动作用。具体体现在以下方面:其一,企业文化可以在员工中形成巨大的凝聚力和向心力,保证技术创新活动的顺利进行;其二,企业文化规范和约束员工在企业技

---

① 张晨芝、毛蕴诗:《技术创新动力研究》,《现代管理科学》2009 年第 6 期。

术创新过程中的心理、思想和行为，可以防止不良倾向的发生；其三，企业文化引导每个员工的价值取向和行为准则，使之与企业所确定的技术创新目标相适应。

来自于企业外部的研发与创新动机：

（1）科技发展。科学技术的发展是推动企业技术创新的一个重要动力源。科学技术成果具有转化为现实物质财富的潜力。熊彼特及其早期追随者提出了"发明推动"的命题，认为技术发明的出现，激发了企业家从中获取超额利润的冒险渴望，从而推动了技术创新的发展。统计表明，随着科学研究的不断突破，西方国家在20世纪中叶以后的技术创新逐渐转变为科学推进型。科学技术的突破性发展推动了众多技术创新的成功，如半导体、计算机、电视机、人造橡胶、尼龙等新产品都是在科学发展推动下产生的技术创新成果。

（2）需求拉动。施穆克勒通过对19世纪上半叶美国造纸工业、炼油工业、仪表工业和铁路运输等行业的发明活动、投资、就业和存量的研究，发现技术专利与投资的时间序列表现出高度的同步特性：投资的时间序列有领先于技术专利时间序列的趋向。他通过对通信产业、化工产业、汽车产业、工业用仪表等行业技术创新过程的研究，认为企业技术创新的一般规律是技术创新活动起源于市场需求，通过创新过程又复归市场来满足需求。市场需求既包括消费者对产品和服务在质量、效用、价格、数量上的需求，也包括对企业生产技术水平和服务水平的需求。当政治、经济、技术、文化的环境发展到一定程度后，市场需求就会随之发生改变。市场需求的改变直接影响到企业产品的市场地位和技术要求。为了保持和占领市场，企业必须积极确立技术创新方向、改革技术创新手段、调整技术创新内容、加大技术创新投入，以使其产品能够符合市场需要，保持自身的长盛不衰。

（3）市场竞争。当企业取得一项技术创新成果后，它只能给企业带来暂时的市场先机。随着技术的更新或竞争对手的强力开发，已经取得的市场优势也会逐渐丧失。只有持续不断地深度创新，才能巩固由于技术创新带来的市场优势。企业只有通过不间断的技术创新，做到在生产一批产品的同时，研发一批新产品、新技术，设计一批储备技术，来增强自己的竞争实力，才能保证自己在市场竞争中占据制高点，从而获得更为广阔的生存和发展空间。正如迈克尔·波特所说的，"技术创新的根本动力是获得竞争优势"。当企业在市场需求变化的拉动和市场竞争的促使下，进行技术创新活动并取得创新收益时，这种技术创新收益会促使现实的市场需求和未来的市场需求更迅速地转化为企业技术创新的动力,吸引更多的企业加入到技术创新的队伍中来,不断寻求新的市场机会,开始新的创新活动。

(4) 政府支持。政府是市场需求的调控器。任何企业的技术创新活动都只是经济全局的组成部分,都处于政府的宏观调控之中。当市场出现无序竞争、背离消费需求时,政府就会通过政策、规划等手段予以强力调控。因而,取得政府支持是企业有效开展技术创新的保证,失去政府的支持,企业技术创新就难以为继。政府对企业技术创新活动的指导、调控作用,主要体现在以下几个方面:其一,制定扶持企业技术创新的法律法规和政策;其二,建立良好的基础设施条件,比如建设比较完善的基础信息通信设施、环境保护设施、提供大型公共科技条件服务平台,加大保护和支持基础研究强度等;其三,强化国家对企业技术创新的投入力度;其四,加强政府对市场运行的宏观调控,适时进行价格干预、发展资本市场、控制金融风险等措施,弥补市场引导机制之不足,为企业技术创新创造条件①②。

综上所述,影响企业研发与创新的动力因素可以概括如图 1-1 所示。

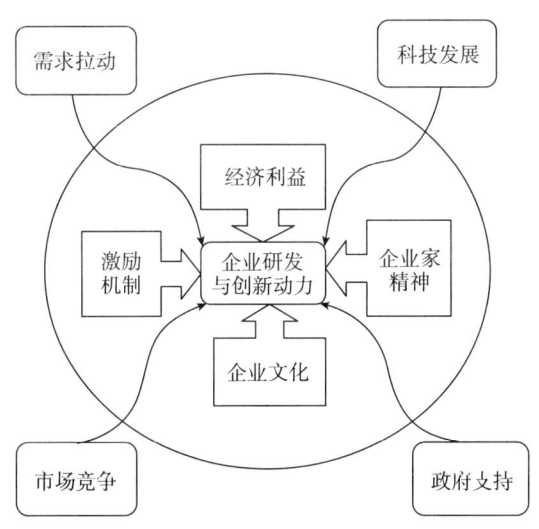

图 1-1 影响企业研发与创新的动力因素

---

① 张志迎、沈磊、韦周雪:《企业开放式创新动力源的实证研究》,《科学学研究》2018 年第 4 期。
② 张威、姜岚:《企业技术创新的动力机制研究》,《理论导报》2009 年第 6 期。

(三) 企业研发与创新的政策

一般认为，技术创新政策是科技进步与经济发展相互协调的产物。众所周知，科学与技术是人们有关自然界和人类社会运行规律的两大知识体系，但是，无论是科学知识还是技术知识都只是一种潜在的生产力，它本身并不能保证国民经济必然持续地向前发展。科技进步与经济发展之间的关系，绝不像想象中的那样只有一步之遥，而是有着许多环节和惊险的飞跃，充斥着各种来自技术方面、市场方面、创新收益分配方面和制度环境方面的不确定性。

这就意味着，要充分发挥科学技术第一生产力的作用，就必须要依赖一定的政策规范来保障科技进步与经济发展之间的协调平衡，保证技术创新的方向、速度以及所能达到的最终结果与经济发展和市场需求相一致。因此，可以认为，技术创新政策就是一国政府为了影响或者改变技术创新的速度、方向和规模而采取的一系列公共政策的总称，它是以科学技术成果从科学技术的生产部门向产业部门转移乃至经历市场检验的过程为作用对象的公共政策，其主要目标是处理由科学技术成果的流动而形成的科学技术部门与产业部门之间的关系[①]。一般来说，创新政策的主要任务就是寻找能够有效降低技术创新过程中的不确定性的制度安排，从而使创新主体在技术创新中面临较少的不确定性和风险，激励更多的创新，促进技术变迁和经济增长。但事实上，几乎所有的国家都依赖同一种机制，包括公共采购、补贴、税收刺激对于科学技术基础设施的支持、管制、国家提供风险资本以及专利等。从这个意义上说，一般包括六种典型的技术创新政策工具，即对于研究开发支出的政府补贴和税收优惠、对于创新产品的公共采购政策、动员增加技术创新资本投入的风险资本、鼓励技术创新扩散的中小企业政策、以及为技术创新创造良好外部环境的政府管制与发托拉斯政策等[②]。

企业研发与创新的类型、企业研发与创新的方式、企业研发与创新的管理、企业研发与创新的理论基础在第二章和第三章中有详细的叙述。

客观来说，国内外学者对企业研发与创新已经进行的大量研究和取得的显著成果，不仅推动了企业研发与创新理论体系的基本建立，而且回答和解决了许多企业研发与创新相关的现实难题。但在研究过程中发现，现有研究对企业研发的

[①] 范柏乃：《面向自主创新的财税激励政策研究》，科学出版社2010年版。
[②] 王春法：《技术创新政策：理论基础与工具选择》，经济科学出版社1998年版。

一个重要领域即研发支撑体系方面的研究显得非常不足，不仅对企业研发支撑体系的构成、模式、运行规律缺乏研究，甚至对研发支撑体系的概念界定和基本特点都没能清晰做出合理分析。因此，本书从创新型企业视角出发，探索性地研究企业研发支撑体系的概念、特征、构成要素及功能、主要模式及演变趋势、主要模式的选择、制度环境和政策建议，有利于推动企业研发支撑体系的相关理论构建，丰富和完善企业研发与创新的现有理论体系。

二、实践层面：寻求创新不足或创新无效的解决之道

近些年来，特别是随着知识经济和创造经济开始盛行，世界各国对于企业研发与创新日益重视，微观层面上表现为企业自主地加大了研发与创新的力度，宏观层面上表现为各国政府出台了大量激励企业研发与创新的相关政策。正是在微观自主探索与宏观政府干预的共同作用下，世界各国涌现了一批在研发与创新方面取得成功的领先企业。但我们也非常清醒地看到，在许多国家，尤其是在中国，创新不足、创新无效的现象仍然比比皆是，众多模仿者对领先企业的研发模式复制失败案例也是不胜枚举，大量企业陷入了研发与创新的"困惑"，即巨大的研发投入并没有产生相应的研发成效。而且，从政府已经出台的现有企业研发与创新的激励政策来看，许多政策措施并没有产生预期的效果。通过分析可以发现，无论是企业的创新不足、创新无效还是复制无效，抑或是政策失灵，一定程度上都是由于当前对企业研发的认识与理解上存在偏颇，即更多地重视研发要素投入、研发过程管理和研发产出评估，而缺少对研发支撑体系建设的关注。实际上，研发支撑体系是企业研发体系建设的重要组成部分，对于企业研发组织和活动的成败至关重要，甚至成为企业研发与创新工作顺利开展的重要基础。因此，从理论视角着眼，基于对成功企业的考察和总结，系统研究企业研发支撑体系的概念、特征、构成要素及功能、主要模式及演变趋势、主要模式的选择、制度环境和政策建议，不仅有助于企业从微观层面破解研发与创新失败的难题，也有助于政府从宏观层面制定更加行之有效的企业研发与创新激励政策。

第二节 研究方法与路线

一、研究方法

本书综合运用了文献回顾法、理论研究与实证分析相结合、纵向研究与横向研究相结合、问卷调查、统计检验等多种方法。

（一）文献回顾法

通过对创新型企业理论、企业研发理论和企业创新理论、企业创新生态系统理论的全面回顾，总结提炼和重新界定创新型企业和企业研发支撑体系的内涵，理顺企业研发支撑体系的理论体系，为构建企业研发支撑体系的要素模型、开展模式选择、对研发支撑系统有效性的量化评价提供理论基础。

笔者围绕研究问题，对国内外吸收能力研究相关的文献进行了系统的整理与分析，并在此基础上进行了逻辑分析和理论分析，最终形成明晰的研究思路、概念模型和研究假设。国外文献是把握研究发展脉络，进而谋求理论创新的基础。充分的文献研究能够为本书的研究奠定一个良好的基础，本书通过对国内的学术期刊网以及国外的 ProQuest、Academic Research、EBSCO 以及 PQDD 博士论文等数据库的全面检索，了解到国内外学者关于吸收能力和技术创新等方面的以往的研究文献以及最新研究成果，在此基础上，寻找到本书的切入点进一步研究。本书在进行了大量国内外文献阅读和梳理的基础上，结合对一些企业成长和发展的现实观察，通过理论分析、归纳与整合，提出本书的研究问题，并且合理构建起本书的理论模型和理论假设。

（二）理论研究与实证分析相结合

从创新型企业研发支撑体系的基础理论出发，综合运用理论研究与实证分析相结合的方法，通过对国内企业研发支撑体系建设成功模式与实践发展进行分析总结，确定创新型企业研发支撑体系的构成要素、主要模式和运行规律，探索推动创新型企业研发支撑体系建设所需的制度安排。

（三）纵向研究与横向研究相结合

运用纵向追索的方法对企业研发管理模式的发展进行深入分析，通过横向比较，对国内外企业创新理论和实践的发展以及国内企业研发支撑体系建设相关的公共政策进行对比分析。根据企业研发管理发展的历史经验和当代实践特征，提出既符合企业研发管理发展规律又符合现实实践需要的研发支撑体系模式，以及确定切实可行的企业研发支撑体系建设公共政策。

（四）问卷调查

问卷调查是获取大量企业信息的重要手段之一，在社会调查研究中是使用广泛的研究工具。笔者在研究中，通过问卷调研收集第一手数据资料。本书通过文献的阅读和分析，根据相关研究问题和假设，基于此前研究设计出相关变量的测度量表，通过预测试等过程，形成正式调查问卷。经过问卷的发放、回收、筛选、整理等程序，通过多种方式尽量扩大研究的样本量和样本的代表性。

（五）统计检验

本书基于规范性实证研究，针对研究问题提出研究假设，通过问卷调查收集企业数据，利用相关统计方法进行假设检验。本书通过大规模问卷调查收集样本数据，采用SPSS16.0统计软件对数据进行描述性统计、因子分析、相关分析和多元回归分析等。

二、研究的问题

创新型企业的研发活动不仅是研发组织的事情，现代企业普遍将其提升到战略高度予以重视。企业如何给研发活动以支持，构建研发支撑体系，企业的研发资源如何优化配置，其他部门如何围绕研发展开协作，是本书研究的主要内容。本书需要解决的问题如下：

（一）创新型企业研发支撑体系的模式选择

由于企业存在发展历史路径及现实状况的差异，研发支撑体系也存在很大不同。本书主要从创新类型和创新资源分布两个维度考查创新型企业研发支撑体系的模式类型。给出了四种模式各自的特点和适用情况，找到了创新型企业研发支撑体系选择的主要影响因素。

(二) 创新型企业研发支撑体系的构造与功能

如何构造更加协调有效的研发支撑体系，是本书最重要的研究问题。以往的文献中少有对微观层面企业研发支撑体系的研究，大多数文献的研究范围扩展到产业或区域甚至国家层面。然而，企业才是最活跃和动力最强的创新主体，从理论层面上看，忽略企业的内部研发机理，仅仅把企业看作产业创新生态中的一个物种，是研究的缺失。企业内部也存在一个创新生态系统，也有各个物种、群落，它们之间也有能量、信息等的交换。所以从生态系统的视角观察企业内部研发组织和研发支撑体系之间的关系和互动是很有必要的。

另外，要从生态、系统、动态的角度去解析创新型企业内部的研发支撑体系，给出支撑体系的构造，并建立各部门之间有机的联系。在研究这个问题时要注意不要单纯地罗列支撑体系的各项功能，而是要注重它们之间的联系、沟通和协作。

(三) 对创新型企业进行量化的评价

目前，国内外关于创新型企业的概念界定已经比较全面，各自从创新绩效、创新企业文化、创新能力、企业行为角度做出了解释。因为本书研究的对象就是创新型企业，所以对创新型企业给出科学量化的界定是非常有必要的，也是一个基础工作。

利用BP神经网络分析方法，结合问卷调研的一手数据，本书建立了创新型企业的评价指标体系，给出了评价标准。根据指标体系和评价标准从回收的样本中界定出了一定数量的创新型企业，为进一步的研究打下了基础。

(四) 对创新型企业研发支撑体系的有效性进行评价

对创新型企业研发支撑体系的有效性进行评价有助于我们对企业的研发支撑体系形成深刻的认识。利用SPSS统计软件，结合问卷调研的一手数据，描述支撑体系各组成部分对企业业绩的贡献，以及它们之间的相关性。

三、研究路线

本书从中国企业存在大量创新不足、创新无效和复制失败的现象和问题出发，用规范的方法进行了创新型企业研发支撑体系的理论探索，并在总结提炼相关成功企业构建研发支撑体系的案例基础上，确定了创新型企业研发支撑体系的模式、构造及选择方法，最后明确研发支撑体系的有效性，本书技术路线如图1-2所示。

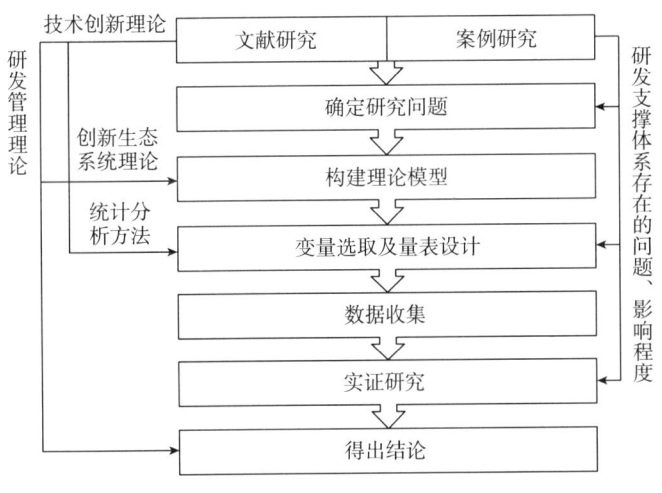

图1-2 本书技术路线

第三节 研究结构安排和创新点

一、研究结构安排

本书的研究主题是通过文献研究和实地调研，研究创新型企业研发支撑体系的构造、功能、模式选择和有效性。全文共包括六章，具体内容安排如下：

第一章为绪论。绪论是本书的研究起点，阐明本书研究背景和必要性、研究目的与意义，明确本书的研究内容，介绍主要的研究方法，给出整体的技术路线和本书结构。

第二章为创新型企业研发支撑体系的理论基础及文献综述。本章在对国内外相关理论和文献研究梳理的基础上，系统地提出了创新型企业研发支撑体系研究的理论基础、理论发展脉络和研究方向。对相关研究文献进行总结和分析，明确了本书研究的切入点。

第三章为创新型企业研发支撑体系的模式选择。首先，对创新型企业研发支撑体系模式进行分类，描述研发支撑体系的演变趋势。其次，在列举创新型企业研发支撑整体选择影响因素的基础上，指出研发支撑体系的作用机理，给出不同企业各自适合的研发支撑体系的选择方法。最后，介绍了跨国公司的全球研发支撑体系。

第四章为创新型企业研发支撑体系的生态结构分析。首先对创新型企业研发支撑体系进行了创新生态学分析，给出了创新型企业研发支撑体系的结构。其次分别描述了创新型企业的研发支撑管理机制、创新型企业研发资金投入和硬件建设、创新型企业研发支撑的知识管理和创新型企业研发的企业文化支撑。

第五章为创新型企业研发支撑体系有效性的实证研究。用 BP 神经网络分析法界定了创新型企业。根据以上几章的研究构造了研发支撑体系有效性评价的指标体系，根据问卷调查得到的一手资料，利用 SPSS 统计软件，对研发支撑体系的有效性进行量化评价，并根据评价结果进行分析和研究。

第六章为结论。本章简要概括了研究结论，提出建议，分析现有的不足之处，指出可以进一步研究的问题。

二、创新点

本书在文献研究中发现了前人在创新型企业研发支撑体系研究方面的不足，认为研发支撑体系尚有很大的研究空间。本书主要的创新点如下：

（一）构建创新型企业研发支撑体系的理论模型

结合技术创新理论、研发管理理论、创新生态系统理论等，本书构建了创新型企业研发支撑体系的理论模型。现有的理论基本上解释了企业研发与创新的界定、企业研发与创新的动力、企业研发与创新的政策、企业研发与创新的类型、企业研发与创新的方式、企业研发与创新的管理等问题,但是从企业微观层面构建企业特别是创新型企业研发支撑体系的文献少之又少。现有文献中的企业研发支撑大多基于中观和宏观视角,从行业、区域甚至国家角度进行描述,基于微观角度的很少,而且尚未形成体系。本书以企业支持研发流程为目的,整合了研发支撑体系中涉及的各类要素,将其有机结合,构建了研发支撑体系理论模型。将创新型企业内部的研发支撑体系分为研发管理机制、研发企业文化支撑、研发知识管理、研发投入和研发与外部环境的接口五个部分,并分别加以阐述。

(二) 分析了创新型研发支撑体系的作用机理

本书从创新生态系统理论中汲取了有益的成分,用以分析创新型研发支撑体系的作用机理。用外部生态环境和营养子系统对应研发支撑体系模式选择的外部影响因素;用核心子系统对应内部影响因素;用基因对应企业研发惯例;用进化对应渐进式研发;用突变对应突破式研发。以上的对应,有利于对企业研发支撑体系形成更为有机和系统的认识,厘清内外部影响因素如何作用于企业研发支撑模式的选择,选定的研发支撑体系模式又如何影响了企业的创新绩效。

(三) 构建了创新型企业研发支撑体系有效性评价模型

在本书的第五章,通过文献研究和实地调研,构建了创新型企业研发支撑体系有效性评价模型。模型主体采用调查问卷作为实地调研的工具,量表的构成涵盖了企业研发支撑体系内的各种要素,可以比较全面地解释研发绩效受到何种因素的影响。通过问卷调查回收了一定数量的有效问卷,利用 SPSS 统计软件对收集到的数据进行了统计描述、信度检验、效度检验、假设检验和回归分析。充分发掘了各解释变量和企业创新绩效之间的数量关系,得到了有效性评价的回归方程。利用研发管理理论、创新生态系统理论等对评价结果进行了分析和解释,形成了较为清晰的研发支撑体系的有效性评价结果。

第二章

创新型企业研发支撑体系的理论基础及文献综述

第一节　创新型企业特征

一、创新型企业的定义及界定

国内外研究者对创新型企业的概念进行了大量的界定和研究，其视角基本上可以概括为创新绩效、创新能力、企业文化和企业行为。

（一）从创新绩效角度对创新型企业的界定

曼彻斯特商学院（1989）对创新型企业的界定为：创新型企业应该是具有持续的创新能力，在变化很快的环境中能够成功地应对市场环境带来的机遇和挑战，且能够获得可持续的生存和发展的企业。这种企业之所以取得成功，依靠的是其在技术、管理、执行、营销等方面的一系列的创新行为。Lumpkin 和 Jennings（1996）研究提出，判断某个企业是否可以被称为创新型企业，关键在于这个企业开发新产品或拓展的新市场的数量和质量能否超过行业的平均水平[1][2]。

---

[1] Lumpkin G. T. and DESS G. G., "Clarifying the Entrepreneurial Orientation Construct and Linking it to Performance", *The Academy of Management Review*, Vol. 21, 1996, pp. 135 – 172.

[2] Jennings R., Cox C. and Cooper C. L. *Business Elites: The Psychology of Entrepreneurs and Intrapreneurs*, Routledge, New York, 1994.

第二章 创新型企业研发支撑体系的理论基础及文献综述

王宇(2007)提出的创新型企业概念为,创新型企业是指能够获得具有明显创新特征的技术成果、有经营活力的现代企业,这类企业取得创新绩效的原因在于其优良的技术创新体系和机制,创新型企业的技术创新行为具有持续性。创新型企业可被看作是一种新兴的企业类型,它创造了新的企业投入及收益模式,将企业的技术创新能力以及在管理、销售、生产领域的创新看作企业竞争和发展的主要要素。李学勇(2006)的研究提出,那些拥有自主知识产权和有市场价值的品牌,在国际市场具有较强竞争力,依靠创新实现可持续发展的企业就是创新型企业。创新型企业的根本战略就是创新,它们的创新涉及技术创新、管理创新、文化创新和机制创新。张居营、孙晶(2017)提出技术创新对企业价值的贡献大于人力资本和物质资本的贡献,技术创新是创新型企业价值创造的核心动力。

(二)从创新能力角度对创新型企业的界定

在2005年第三版的《奥斯陆手册》中,亚太经合组织(OECD)将"创新企业"定义为"在调查期间内已经实现多方面或至少实现了一项创新的企业"。Brown和Karaguzulo(2001)的研究提出,创新型企业的重要标志就是创新,创新是创新型企业发展的核心能力。那些进行了产品和技术创新并承担了创新过程中的风险的企业就是创新型企业[①]。牟宗艳(2005)的研究指出,一个具有自主创新能力和集成创新能力以及引进、消化、吸收再创新能力的企业就是创新型企业。创新型企业应该拥有相当数量的专利技术,应该解决了某些本行业的重点难题,其科技创新体制应该是良性和高效的,应该拥有足够的创新人力资源。李维胜(2011)的研究指出,以产品创新作为创新型企业运营的中心,以技术、工艺、组织和管理创新为保障,建立了持续技术创新机制体系的企业就是创新型企业。创新型企业具有一定程度的技术创新的能力和资源,并且企业的生存发展高度依赖于技术创新成果。

(三)从企业文化角度对创新型企业的界定

彼得·德鲁克(1980)认为,创新型企业可以把创新意识和精神制度化并将其逐渐转化为一种创新习惯。所谓的创新型企业都是以企业为单位进行创新,即

---

① Brown, Karaguzulo, "The Art of Continuous Change: Linking Complexity Theory and Time-paced Evolution in Relentlessly Shifting Organizations", *Administrative Science Quarterly*, 2001.

把大量创新的人力资源组织起来从事持续性的创新，有组织地将"变革"转变为一种"规范"。Pak Tee Ng.（2004）的研究指出，创新型企业将各类创新资源系统地组成一个有机联系的整体，通过把创新贯穿于日常的工作中，利用创新不断更新、完善整个企业[①]。夏冬（2003）等的研究表明创新型企业是具有不断创新的主导思想，主导策略是不断改进原有产品和技术、不断改善生产工艺和设备、不断研发新产品和技术的企业。李芊（2016）等认为创新型企业的企业文化是将创新转化为内在动力。

（四）从企业行为角度对创新型企业的界定

Jan Fagerberg 等（2008）的研究中提出，创新型企业就是在把有市场价值的技术创新成果商业化、产业化的过程中，推动了整个行业的发展，形成了新产品、新行业、新市场和新增长的企业[②]。黄品奇（2002）的研究指出，创新型企业发展的原动力是企业内部各项创新活动，逐步积累和应用企业的知识储备和创新能力，通过整合企业内部资源和利用企业外部资源而创造出新价值。徐斌（2010）的研究认为，创新型企业是具有创新企业文化并以此为企业经营的指引，能够集合企业内外部可利用的一切创新资源，以进行技术创新为主导，同时进行企业战略、组织、文化和流程等方面的全面协同创新，以便取得持续的竞争优势的企业[③]。

综合以上国内外研究者对创新型企业的定义，本书将创新型企业一般性地定义为：拥有创新基因、创新的思维方式和持续创新能力，通过新技术、新工艺、新流程，向社会提供新产品、新服务，创造新的商业模式，获得高额利润和广阔成长空间的企业。创新型企业的创新行为不是偶发的和临时的，而是将创新内化，使其成为企业经营的原始驱动力。企业的管理者和员工有强烈的创新意识，将创新看作是企业生存和发展的根源和保障。创新型企业取得的创新成果不但可以为企业本身带来利润、市场价值和市场占有率的提升，而且为社会提供有形和

[①] Pak Tee Ng., "The Learning Organization and the Innovative Organization", *Human Systems Management*, Vol. 23, 2004.

[②] Jan Fagerberg etc, "Innovation – systems, Path – dependency and Policy: The Co – evolution of Science, Technology and Innovation Policy and Industrial Structure in a Small, Resource – based Economy", *Georgia Institute of Technology*, sep – 2008.

[③] 徐斌：《跨国公司研发组织形式选择的影响因素与模型研究》，《科学学与科学技术管理》2011 年第 32 卷。

第二章　创新型企业研发支撑体系的理论基础及文献综述

无形的财富，为行业拓展新的发展空间，指明新的发展方向。

在一般性定义基础上，结合本书的研究对象，进一步将创新型企业定义简化为：创新型企业是指拥有自主知识产权和有较高市场价值的品牌，依靠技术创新和其他方面的创新能力获取市场竞争优势和持续发展能力的企业。

二、创新型企业的特征

创新型企业的特征可以概括为以下五个方面。

（一）创新型企业具有创新型的企业文化

这种企业文化是开放和进取的文化，企业以超越、挑战和创造为核心价值观。创新型企业不会故步自封，而是对现有的事物保持积极的怀疑态度，相信服务客户和服务社会的探索永无止境。不断挖掘自身潜力，吸收新的知识，适应新的环境，拓展新的发展空间。

创新型企业愿意承担创新的高风险，具有使研发、生产与销售相互协调的企业家精神（Freeman & Soete，1982）[1]。AECA'S（1995）认为，创新的企业文化应该以四种价值观和态度为特征，即企业家具有冒险精神、发动所有企业员工共同参与、员工具有共同的责任感和能够激发员工创造性。张钢、许庆瑞（1996）的研究认为，创新型企业有强烈的风险意识，其企业文化具有一定的前瞻性，着眼于企业未来发展，创新的企业文化具有创造性、多样化、持续性、长期性等特征[2]。Frohman（1998）的研究发现，创新的文化是能够引导和培育企业创新能力和创新行为的文化。企业的创新能量和积极性被创新文化激发出来，企业因此而产生创新的主动性和责任感，这种精神动力可以帮助企业获得理想的创新绩效和市场业绩[3]。Thornberry（2003）的研究表明，创新文化表现为对冒险的鼓励和对创新行为和成果的奖励和认可，企业除了给予创新者以物质奖励以外，还可以给予其精神层面的激励，企业文化可以成为精神激励的一部分。当企业面临的变幻莫测的外界环境或者企业经营中出现突发状况甚至危机时，创新企业文化能够

---

[1] Freeman C.，et al.，*The Economics of Industrial Innovation*，The MIT-Press，1982.
[2] 张钢、许庆瑞：《文化类型、组织结构与企业技术创新》，《科研管理》1996 年第 17 期。
[3] Alanl Frohman，"Building a Culture for Innovation"，*Research Technology Management*，March-April，1998，pp.9-12.

帮助企业做出迅速和准确的反应①。

在《创新型企业试点工作实施方案》中，科技部、国资委和全国总工会指出，创新型企业应该是具有完善的创新文化和创新战略的企业。企业的文化和战略，是企业发展的灵魂和导航灯。创新型企业应当致力于营造良好的创新文化氛围，积极制定科学的创新战略，引导企业不断实现跨越性创新。

（二）创新型企业具有持续的创新资源投入和整合能力

企业具有持续创新能力表现在企业在相当长一段时期内具有持续的创新资源投入和整合能力，并能够成功地将创新成果产业化和商业化，同时获得经济和社会效益。中国最不缺乏辉煌一时的明星企业和明星企业家，但能够坚持在10年以上时间，持续推出有创造性的产品和服务的企业就非常稀少了。此外，企业持续创新的动力应该来自企业内部，而不仅是应付和跟随外部环境的变化，更不是源于政府或其他机构的激励和扶持。

创新型企业的创新资源投入和整合首先是基于自身资源的，是一种内生式的发展，包括内部人力资源、物质资源以及知识资源的整合和循环发展。创新型企业能够使这些内部资源实现协同效应，这种整合和调节能力形成了企业发展的内在动力。同时创新型企业并不是封闭的，相反，持续的创新资源的投入和整合一定是在企业外部主体和环境支持下进行的。所以创新型企业呈现开放的特征，这也是在现有全球经济一体化的背景下形成的。创新型企业要保持企业持续创新能力，就要对外在的资源充分调配，这也必然形成创新型企业的开放性特征。在技术创新步伐加快、产品生命周期缩短、市场竞争加剧的环境中，单一的企业内部研发及组织方式已经不能适应企业发展的需要，各种形式的合作研发及组织类型的出现是必然的。创新型企业只有融入全球合作研发的潮流中，做出清醒的判断，才能保持其技术和市场的优势。

（三）创新型企业的创新绩效明显

创新绩效可以表现为：企业的核心竞争力、盈利能力、发展空间等。核心竞争力是在一个组织内部经过整合的知识和技能，尤其是关于怎样协调多种生产技

---

① Thornberry Dvpressman Mac,"Fostering a Culture of Innovation", *Proceedings of the United States Naval Institute*, Vol. 129, No. 4, 2003.

第二章　创新型企业研发支撑体系的理论基础及文献综述

能和整合不同技术的知识和技能，这种竞争能力是其他企业很难模仿甚至学习的。创新型企业的核心竞争力很大程度上源于它的创新成果，这也是该企业取得行业优势地位的根基。其中最常见的就是拥有自主知识产权的核心技术、工艺、设计、自主品牌等。

因为创新而获得的核心竞争力能够帮助创新型企业获得市场的认可。创新的成效表现在较高的收益或者较低的成本，必然带给企业很强的盈利能力。盈利能力可以表现为净利润、资产利润率等财务指标。

发展空间是企业在相当长的一段时期内，持续不断地获得成长，能够持续推出合乎市场需求的产品或服务，并获得经济效益的过程。当企业的创新产品或服务处于产品生命周期的介绍期，作为新产品的收益可能在短时期内不能达到盈利水平，但其发展空间必然是广阔的，能够很快走出介绍期，进入销量高速增长的成长期。

（四）创新型企业具有持续的创新能力

科技部、国资委和全国总工会在《创新型企业试点工作实施方案》中指出：创新型企业的创新能力是可持续的。企业的运营和发展本身就是一个动态的连续过程，作为其核心驱动力的企业创新活动当然也不例外。能够保证企业不断获得理想的经营利润、保持持续的生命力的只有持续的创新活动。尤其是创新型企业大多以创新为自身特色，对于它们来说保持持续的创新能力是其根本所在。

创新型企业有较强的研发能力，较大的企业规模，短于竞争对手的研发周期，且保持长期的对研发的投资（Freeman & Soete，1982）[1]。郑勤朴（2001）的研究提出，企业的持续创新能力是一个综合能力的体系，其中包括投入能力、财务能力、生产能力、营销能力、产出能力、创新能力和环境适应能力七个方面[2]。陆奇案（2005）的研究表明企业的持续创新能力具体表现为开发新的产品、不断改善和创新现有业务流程以提升现有能力、采用有可能损害现有地位的替代资源、为资源向新的竞争领域延伸而进行投资。这些能力可以概括为能够适应不断变化的竞争环境和追逐形成新的竞争优势的能力[3]。杨友才等（2016）提出创新型企业通过不断地实施技术创新和工艺过程创新，提高其产品生产过程的

---

[1] Freeman C., et al., *The Economics of Industrial Innovation*, TheMIT‑Press, 1982.
[2] 郑勤朴：《浅谈定量评价企业持续创新能力》，《理论与现代化》2001 年第 5 期。
[3] 陆奇案：《战略联盟中机会主义行为的成因及治理对策》，《现代管理科学》2005 年第 3 期。

知识含量，提高企业生产效率和资源利用效率①。

（五）创新型企业的创新成果对行业和社会具有辐射带动效果

创新型企业的良好盈利能力和发展机会，必将吸引更多的逐利资本进入该行业，从而促进整个行业的发展。该行业的兴起会带动产业链的上下游，同时，行业密集区域的区域经济也会受到辐射。甚至因为创新型企业的成功，使社会的价值取向发生一定的变化，使人们更热衷于通过创新获得财富和实现价值。美国苹果公司的创新产品和服务就是最好的例证。

第二节 创新型企业研发支撑体系的定义及特征

一、企业研发支撑体系的定义

企业研发支撑体系的定义有广义和狭义之分。广义的企业研发支撑体系范围涵盖企业的内部和外部，并且强调企业与外部资源的互动，是指为创新型企业研发活动提供支持的系统和网络，包括企业内部和外部的政策、法律、制度、文化、信息、融资机构、人力资源、中介机构、基础设施和实验场地、物资设备、信息系统、服务平台等，这些要素之间有着紧密或松散的联系。比如，娄会荣（2008）认为，科技支撑体系是以实现科技的运用为目标的科技资源投入、科技机构运作和科研成果转化的系统。其中，每一部分又包括不同的要素，其中科技机构运作包括：科技机构、科技研发体系、科技中介服务体系、科技成果转化体系、科技管理保障体系。各部分之间形成网络互动机制，既有各体系内部的自运行，又有体系间的协调与互动②。刘勇、张郁（2011）认为，科技支撑体系是由科技资源投入，经过科技组织运作，形成符合经济和社会发展需要的高技术含量的产品的有机系统，包括科技投入、科技组织（如科研院所、中介机构、科技

---

① 杨友才、梁岳：《创新型企业成长的影响因素分析及对策建议》，《青岛科技大学学报》（社会科学版）2016 年 3 月。

② 娄会荣：《循环经济科技支撑体系研究》，山东师范大学硕士学位论文，2008 年。

第二章　创新型企业研发支撑体系的理论基础及文献综述

园、科技部门）和科技产品①。沈金生（2007）的研究指出，技术支撑的定义是以政府、企业、科研机构、高校等为主体，为加快技术进步而进行的技术选择、技术平台建设以及技术进步的各种制度安排。

狭义的企业研发支撑体系，其范围限于企业内部，也是本书所指的研发支撑体系。关于这方面的文献较少，有很大的研究空间。林婷婷（2012）提出了企业创新系统的概念——企业内部各要素之间的关系、外部环境因素及其关系的集合，它们之间相互作用于新知识和新技术的创造、扩散和使用之中，形成一个有机的整体②。

很多学者指出了企业在创新体系中的核心地位。陈静等（2007）认为，企业、客户、供应商、中介机构、科研机构、大学等构成了企业创新体系的主体，企业和其他创新主体之间的信息与知识共享程度越高，企业能产生创新的概率就越大③。Narula（2002）指出，企业创新研发主体包括企业、研究机构、高校、个人发明者等，并从知识流动视角对企业创新活动进行分析，研究发现，除企业之外的其他主体——研究机构、高校、个人发明者都可以为企业研发活动提供重要的知识和人力等资源，但最终将这些知识流动整合成为有效的创新成果的只有企业，因此企业才是最重要的创新主体④。

关于企业研发支撑体系的构造有以下几种说法：董晓宏、宋长生等（2006）认为，企业研发系统是一个复杂的适应性系统，其中的主体包括企业、知识型员工、自发组织团队，促进企业多要素协同创新的关键在于激发创新主体的学习性、反应性和适应性⑤。赵静、王玉平（2005）认为，企业研发支撑机制的要素主要包括创新的企业组织结构支撑、企业制度的支撑、企业家精神支撑、人力资源支撑、企业文化支撑和资金支撑等⑥。李妍、丁莹莹（2018）提出企业创新生态系统为嵌入式共生创新，强调生态友好、竞争与共生并存，各创新主体之间作用机制由产学研协同演化为产学研用"共生"关系，以及公司、政府、用户和

---

① 刘勇、张郁：《低碳经济的科技支撑体系初探》，《科学管理研究》2011年第2期。
② 林婷婷：《产业技术创新生态系统研究》，哈尔滨工程大学博士学位论文，2012年。
③ 陈静、唐五湘：《共性技术的特性和失灵现象分析》，《科学学与科学技术管理》2007年12月。
④ R. Narula, "Innovation Systems and 'Inertia' in R&D Location: Norwegian Firms and the Role of Systemic Lock-in", *Research Policy*, Vol. 31, No. 5, 2002, pp. 795–816.
⑤ 董晓宏、宋长生、宋朝利：《基于复杂适应系统理论的企业创新主体研究》，《商场现代化》2006年第23期。
⑥ 赵静、王玉平：《支撑高校科研的团队式知识服务》，《图书情报知识》2005年第4期。

高校的"四螺旋"模式①。李垣、乔伟杰（2002）提出，企业创新体系主要由产品创新、战略创新、工艺创新、营销创新、文化创新、组织创新六大要素构成②。李庆东（2006）认为，企业创新体系包含知识创新、战略创新、管理创新、制度创新、组织创新、市场创新、产品创新、技术创新八个要素，技术创新的过程受到各种因素和各方主体的激励和约束③。董晓宏（2006）利用复杂适应系统理论对企业创新体系进行了研究，指出企业创新六要素为技术、市场、信息、组织、战略和人力资源。其中最活跃的要素是市场和技术，而战略、人力资源、组织是相对而言比较稳定的要素。这六种要素的多要素协同创新通过相互之间的沟通、竞争与合作方式实现，协同创新对提高企业创新的有效性和适应性的效用非常明显。

综上所述，笔者认为，企业研发支撑体系是指企业中围绕研发建立的一整套系统，为研发活动输送各种有形和无形的资源，以保证研发活动的顺利开展，其中包括与研发有关的企业制度、战略、文化、场所设施、机构、组织结构、工作流程、人力资源、资金、信息系统、知识和技术等。

二、创新型企业研发支撑体系的定义

一些研究者曾提出了创新型企业研发支撑体系的概念。比如，李建军（2008）提出，高新技术企业的自主创新支撑要素，就是创新理念、人力资源、资金、研发能力和企业的外部环境五个方面，它们之间的相互作用共同构成了高新技术企业自主创新支撑体系的主体。魏子衡（2006）的研究提出，创新型企业的创新支撑体系是要提供有利于创新活动的顺利开展、有利于克服创新过程中可能出现的障碍的支撑要素。这些支撑要素包括知识支撑、技术支撑、信息支撑、文化支撑等方面。赵剑波、王欣、沈志渔（2014）认为，企业研发支撑体系是企业与研发活动及研发资源的配置和利用相关的各种机构相互作用而形成的推动研发创新的组织系统、关系网络，以及保证系统有效运行的制度和机制④。

---

① 李妍、丁莹莹：《创新生态系统下知识管理对企业创新绩效的影响及启示》，《天津大学学报》（社会科学版）2018年第1期。
② 李垣、乔伟杰：《基于价值管理中的企业创新系统构建》，《中国软科学》2002年第12期。
③ 李庆东：《企业创新系统各要素的相关性分析》，《工业技术经济》2006年9月。
④ 赵剑波、王欣、沈志渔：《创新型企业研发支撑体系的构建和激励政策研究》，《新视野》2014年2月。

第二章 创新型企业研发支撑体系的理论基础及文献综述

根据上述对企业研发支撑体系的界定,本书将创新型企业研发支撑体系定义为:创新型企业为了获得和保持创新优势和创新能力,取得创新绩效对企业研究和开发活动给予的全方位支持的系统。其内容包括研发支撑体系的管理机制子系统、知识管理子系统、创新文化支撑子系统、研发投入以及内部系统与企业外部研发支撑要素的接口,涵盖了与研发相关的决策机制、组织结构、流程管理、企业文化和人力资源、实体资源配备、资金以及制度建设。

创新型企业的研发支撑体系是由各类要素组成的一个有机整体,也是创新型企业和一般企业区别开的基础。要保持创新优势,创新型企业必须建立和整合研发支撑体系,使各支撑要素实现协同效应,并且对该体系进行持续的改进和升级。

三、创新型企业研发支撑体系的特征

相对于一般企业的研发支撑体系来说,由于创新型企业经营的宗旨、企业文化、经营活动都有很大的不同,特别是研发活动的开展密度、深度和广度都远远超过一般的企业,所以本书认为创新型企业研发支撑体系具有某些明显的特征。

首先,由于创新型企业的研发活动开展频繁,所以要求研发支撑体系运行要更为顺畅、更有弹性,并及时对应研发活动的需要做出调整。以市场为导向的研发,不仅要快速开发满足用户需求的新产品,而且要尽量做到以较低成本开发高档次、高质量的新产品,另外,要实现新产品的产品化、商品化。所以,创新型企业能否通过产品开发赢得市场竞争的胜利,关键在于研发能力。企业的研发能力是通过高效的研发支撑体系来保障的。顺畅运行的研发支撑体系使企业始终能够发现最佳的产品机遇,高效地开发出具有竞争力的产品,并且以很快的速度将新产品投入市场。

其次,因为创新型企业研发活动在技术层面上更为先进和深入,所以要求研发支撑体系也要具有相应的技术深度,无论是在人力资源、知识储备上,还是在硬件设施的升级和更新上,都要符合创新型企业的研发要求。

再次,创新型企业是行业或区域经济的领导者,在客观上要带动整个行业或当地经济的发展,创造出更先进的商业模式,同时其研发支撑体系也要领先于其他企业。创新型企业的研发支撑体系在系统配置、内部融合协作、运作效率等方

面都应该是其他企业的标杆。

最后,从研发支撑体系的运行来看,创新型企业研发支撑体系的运行特征是顺应企业生产活动要求的智能化;保证企业研发系统运转目标与企业发展目标一致的柔性化;密切企业研发系统与市场的联系,提高服务的价值性和针对性的动态化;分布合理,优势互补,协同服务的组群化;保证服务对象不受时间、地域限制,随时接受所需服务的网络化。

第三节　创新型企业研发支撑体系研究的理论基础

创新型企业研发支撑体系研究的相关理论非常多,涉及科技成果吸收转化、技术创新理论、研发管理、人力资源、社会环境支撑、企业文化等方面。这里重点选择与其密切相关的技术创新理论和研发管理理论进行阐述。

一、技术创新理论

"创新理论"最早由美籍奥地利经济学家约瑟夫·熊彼特(J. A. Shcumpeter)在其著作《经济发展理论》中提出。熊彼特创造性地解释了经济增长的内在机理,同时提出了创新理论。熊彼特认为,经济之所以不断发展,是因为在经济体系中不断地引入生产要素和生产条件的新组合。他指出:"创新"(Innovation)是新技术、新发明的首次商业应用。创新可以被看作一种新的生产函数的建立,即由某些主体将多种生产要素进行的一种从未有过的新组合。创新包括下列五种情况:一是一种新产品的创造,或者推广和改良客户尚未熟悉的产品,或者对已有产品的升级改造。二是采用一种新的生产方法,这种生产方法或工艺在相关的竞争部门中尚未普遍采用,这种新的方法的理论基础不一定是全新的科学发现,它也可以是一种新的商业方式,以这种新的商业方式来开展企业的业务。三是一个新的市场的开辟,即一个国家或地区的企业开拓了一个新的区域市场。四是获取或控制某原材料或半成品的新的供给来源。这种原材料可能是一种新发明,也可能是早已存在的。五是实现了一种新的工业组织形式,比如形成一种垄断地

第二章 创新型企业研发支撑体系的理论基础及文献综述

位,或打破一种垄断地位①。总之,创新的范围可以被概括为技术创新、管理创新、产品创新、组织创新等。

熊彼特认为创新是经济发展的核心,他提出创新包括技术创新和制度创新。企业家引进的新的生产要素和生产条件就是技术创新的结果。制度创新的过程就是对这些要素和条件实行新的组合,新的组合就是一种新的生产函数。技术创新和制度创新共同促进了资本的积累和经济的增长。

在熊彼特提出创新理论后,许多他的跟随者循着他所开创的研究途径,对创新理论进行了进一步研究,继而对创新理论进行了补充和完善。总的体现为两个方面:一是开创了制度创新经济学;二是形成了技术创新经济学。制度创新经济学的研究对象则是制度变革与制度形式;而技术创新经济学的研究对象是技术的变革和技术的推广。两者是熊彼特的创新理论的补充和发展,同时对西方经济学发展也起到了一定的推动作用。

熊彼特特别强调企业家的创新能力对于经济发展的作用,这是理论上的一个突破。用熊彼特的观点来说,发明者不同于创新者,那么资本家和股东也不同于企业家。如果资本和技术没有被资本家或技术发明者用于生产方式的新组合,也就没有生产创新的行为,资本家或发明者就不能被称为创新的企业家。

Freeman(1982)对技术创新概念做了更全面的解释,他认为技术创新在经济学上的意义是新技术的首次商业化,而所谓的新技术包括新产品、新过程、新装备和新系统等形式。

Freeman 在研究日本经济时发现国家在技术创新推动中的重要作用。1987年,Freeman 首先在其著作《技术政策与管理绩效:日本的经验》中提出国家创新体系的概念——国家创新体系就是由公共部门和私营部门中的各种机构构成的网络,这些机构各自的活动和相互影响促进了新技术的开发、引进、扩散和改进,即国家创新体系的本质作用是促进创新和扩散创新,国家创新体系由一定的组织和制度构成。国家创新体系包括四个主体,分别是政府、企业、科研机构和院校。政府的职能在于对创新活动进行宏观的调控和引导,用鼓励创新的政策调动科研人员和科研组织的积极性,服务于国家创新体系的健康发展。企业不仅是技术创新的主体,而且是研究开发投入的主要承担者,同时还是新技术的积极使

---

① 熊彼特:《经济发展理论:对利润、资本、信贷、利息和经济周期的探究》,中国社会科学出版社 2009 年版。

用者。科研机构既是基础知识的发现者，也是应用知识的发明者，是重要的创新成果来源，同时也是新兴产业的重要创造者。院校大量培养和储备创新人才，承担知识创造和转移扩散的任务，同时也具有科研机构的研究职能。

从国内文献来看，我国学者从 20 世纪 80 年代开始对创新理论进行研究。张培刚等（2007）提出，技术创新是一个以新技术代替旧技术的过程，新技术应用于生产、面向市场，在投放市场的过程中改进和研发，从而进入一个循环[①]。汪应洛等（2004）认为，技术创新可被看作一个过程：从新概念的提出到物质生产力的形成，再形成产业化的生产能力，大批进入市场成功实现商业化[②]。柳卸林（1993）的研究认为，技术创新是指与技术、设计、制造以及商业相关的活动，从过程角度看，包括新产品的创造、创新的扩散和流程或过程的创新。所谓的新产品既可以是全新的产品，也可以是经过改进升级的既有产品，新产品在技术上有创新，并且将这种创新通过产品实现了商业化和产业化，最终为企业获利。创新的扩散是指技术创新通过各种性质的渠道实现传播，渠道可以是商业性的，也可以是非商业性的。商业性的创新扩散是速度最快、最为活跃的，技术创新进入市场后，由于其产生的高额利润，可能被其他企业引进吸收和模仿。技术创新通过扩散，实现了经济上的影响力，同时为进一步创新提供了动力和支持。流程或过程的创新也被称为工艺创新，它包括新的工艺、新设备的应用，也包括生产要素的重新整合，比如新的组织方法和管理方式，它是生产技术和企业经营模式的重大变革。技术创新的具体活动包括企业首次推出新的产品以及新的制造工艺、新的工业设计、新的生产或服务流程、新的机器设备、新的商业模式的首次商业化应用[③]。范柏乃等（2013）指出，技术创新过程由新产品、新工艺或新服务的开发等一系列活动组成，这个过程包括获得技术（研究、开发或引进技术）、工程化研发、商业化生产和投放市场[④]。魏江、许庆瑞（1994）认为，技术创新是一个过程。从广义上来说，它不但包括一项技术创新成果本身，而且包括该成果的推广、扩散和应用的整个过程。从狭义角度来说，这个过程包括从创新的理论的形成开始，通过企业内部运作，新的理论得到应用实现了实体化，并大量生产

---

① 张培刚等：《新型工业化道路的工业结构优化升级研究》，《华中科技大学学报》（社会科学版）2007 年第 2 期。
② 汪应洛、向刚：《企业持续创新机遇分析》，《昆明理工大学学报》（理工版）2004 年第 6 期。
③ 柳卸林：《技术创新经济学》，中国经济出版社 1993 年版。
④ 范柏乃等：《自主创新政策的演进：理论分析与浙江经验》，《中共浙江省委党校学报》2013 年第 4 期。

第二章 创新型企业研发支撑体系的理论基础及文献综述

出新产品①。肖文、林高榜（2014）的研究表明，由于企业科研管理与产品市场高度结合，使得技术创新的管理带有销售管理的色彩，这种科研管理模式不利于非市场化导向的技术创新效率的提升，但对于市场化导向的技术创新效率有着明显的促进作用。傅家骥（1998）的研究成果表明，技术创新是一个综合过程，其中包括科技、管理、商业、组织、市场营销和金融等一系列活动。企业家以获取利润为目标，通过技术创新在市场中寻找到潜在的盈利机会，利用创新成果将生产条件和要素重新整合，建立起新的生产经营系统。新的系统具有更强的效能、更高的效率和更低的成本。创新的内容非常广泛，包括企业推出新产品、发明新的生产制造（工艺）方法，也包括企业建立新的组织形式、开辟新市场、获得新的原材料来源等②。吴贵生（2000）的研究认为，技术创新是从新的技术构思开始，经过技术研究开发或技术组合，直至实体化，实现实际应用，并产生经济、社会效益的商业化的全过程③。冯冰（2017）提出，技术创新是企业发展的动力，是创新主体的内因和外因相互作用而产生新事物的过程④。汪丁丁（2003）提出，要区分技术创新和制度创新，认为技术创新可以改变生产的技术性成本，发现了人与自然关系的规律，并将其应用于解决实际问题。制度创新可以改变生产的交易成本，是人与人之间关系的创新，这种创新发现了人类社会的规律，并将其应用于解决企业经营问题。

二、研发管理理论

（一）六代研发管理模式演进

自20世纪50年代以来，研发因其在企业形成核心竞争力方面的独特作用而备受关注，人们日益认识到研发对经济和社会发展的推动效用。特别是在经济和竞争全球化的今天，研发是企业拓展国际市场，获取和保持市场份额和持续发展能力的最有力的支持。国内外研究者基于不同的内外部环境，从各种角度对研究

---

① 魏江、许庆瑞：《企业技术创新机制的概念、内容和模式》，《科技进步与对策》1994年第6期。
② 傅家骥：《技术创新学》，清华大学出版社1998年版。
③ 吴贵生：《技术创新管理》，清华大学出版社2000年版。
④ 冯冰：《基于创新价值链视角下的高技术产业技术创新效率的影响研究》，中国科学技术大学博士学位论文，2017年。

与开发活动进行了全方位的研究。研究的内容涉及研发的组织、研发的环境、研发成果的商业化、研发的形式、研发流程等。美国学者 Roussel P., Saad K. N. 和 Erickson T. J. (1991) 根据研发的环境、研发流程、研发组织和运作,把研发管理划分为四个时代①。之后因为科技、经济和社会的进一步发展,第五代和第六代研发管理又陆续被人提出。

第一代研发:线性技术推动模式(20世纪50年代末至60年代初)

自20世纪50年代开始出现的第一代研发,其前提假设是研发的投入越多,产出的研发成果就越多,两者之间是一种简单的线性关系。很多西方发达国家实施了所谓的"希望策略",由于良好的机遇和多年的财富积累,很多大公司拥有了丰富的研发资源,包括知识储备、人力资源、资金资源等。同时,各国政府也意识到了科技的经济和社会意义,政府部门通过各种方式支持研究和开发,特别是投入在基础科学研究上,以弥补企业研发投入的不足。在企业和政府的双重作用下,大量具有技术创新能力和潜力的研发人员以及科学家获得了良好的工作环境、充足的研究经费、宽松的研究环境以及足够的激励。因为此时的科学和技术的体系正在形成中,有大量的空白需要被填补,所以当时的研发比较注重取得科学或技术方面的突破性成果。研发还停留在象牙塔中,以技术驱动为导向。

从市场方面来看,由于当时市场需求旺盛,很多领域处于产品短缺的状态,很多新产品在被研发和制造出来后的销售状况都比较理想。这种热销状态反过来鼓励了研发的积极性,新产品不断涌现②。这个阶段人们普遍认为市场的容量足够大,存在大量尚未被满足的需求,强调要把技术推向市场,用技术引导市场需求。新技术、新工艺、新产品可以创造和转化为经济利益和市场份额。

在这种背景下诞生了第一代研发管理模式,研发的组织者和管理者同时也是研发活动的执行者——科学家和工程师。虽然他们多少会意识到研发投入者的目标,特别是企业投入研发是为了获得可观的经济回报,但是因为研发人员本身的知识范畴和特殊身份的限制,使他们很难清醒地认识到研发活动的经济意义,而更愿意追求研究开发在科学技术层面上的进展。研发人员不擅长也不愿意花费精力去评估研发项目在经济上的可行性,更不会对研发主动实施风险管理和成本控制。所以第一代研发也被称为"直觉式管理模式"。研发人员的独立性和自主性

---

① Roussel P., Saad K. N. and Erickson, T. J., *Third Generation R&D, Managing the Link to Corporate Strategy*. Boston: Harvard Business School Press and Arthur D. Little Inc, 1991.

② 李安民:《六代研发的划分给电信研究机构转型的启示》,《科技进步与对策》2007年1月。

高于今后的任何阶段，此时的研发更像是孤立的、不可预测的活动，还没有受到企业战略和市场需求的明显约束，研发的进展可以被形容为"顺其自然"，甚至将研发成果寄希望于偶然的科学发现。

研发部门几乎可以独立决定企业的技术发展方向和研究路径，由于技术驱动的意识占了上风，其他不懂技术的管理者很少为研发提供方向性的指导。研发活动和企业的战略框架是脱节的，更谈不上研发为企业战略目标服务。企业把研发部门看作一个职能部门，没有建立有效的研发部门和其他部门之间的信息交流机制。研发费用是企业的一般管理费用，属于年度预算中的一个项目，企业的管理者对于研发经费投入也没有精确的计划，一般采用量入为出的方法来确定。研发经费预算一旦制定完毕，企业的管理者就不再对其进行控制和监督，研发经费的分配一般放权给研发部门，而研发部门通常对研发经费进行粗放式管理①。总之，第一代研发管理是一种"放任式"的缺乏规划和控制的管理。

第二代研发：市场导向型（20世纪60年代至80年代末）

随着科技和经济的发展，生产力得到极大的释放，市场上的供需关系由产品供不应求，渐渐趋于供需平衡，有些部门甚至出现了产能过剩。同时市场竞争开始不断加剧，资金、技术等各类资源的稀缺性逐渐凸显出来。面对如此的挤压，企业的管理者意识到，研发部门不能再沉迷于实验室中进行"直觉式"的科学研究，而应该更加务实和利益驱动地把研发定位于为商业服务的项目上。

技术创新的流程发生了变化，研发的方向由市场部门通过收集顾客意见预测顾客需求来制定，然后交由研发部门形成新产品和技术概念再进行研发。研发由技术推动变为市场拉动，进入了商业活动之中。在"二战"中，项目管理的概念和实践得到了很好的发展，项目管理被应用到企业经营中，其中包括对研发活动的管理。以项目管理的方法组织和控制研发过程，大大提高了研发活动的效率②。

在这种理念的指导下，研发更多地关注满足现实的市场需求，对于技术的突破式创新无暇顾及。对于市场的潜在需求，也失去探寻的动力。由于强调市场导向，这一时期的研发管理从出发点到行为表现都不同于第一代研发。这个阶段的研发构思主要由企业的市场部门获取，在研发的项目管理中加强了对资源利用和

---

① 薛求知、王辉：《西方企业R&D的演进及其启示》，《研究与发展管理》2004年第3期。
② Rothwell R. Towards, "The Fifth-generation Innovation Process", *Int Market Rev*, Vol. 11, No. 1, 1994.

进度的控制。从20世纪60年代中后期开始，企业研发部门与其他部门在技术领域信息的沟通逐渐增强，部门协作创新出现雏形。企业对研发的科层型职能管理也逐渐转变为矩阵型项目管理，对研发的投入产出分析也更加精细。

第二代研发管理的局限性在于企业矫枉过正，过于看重市场的短期需求，反而忽视具有长期战略意义的研发。管理者们开始用项目管理的方法去管理研发活动是一种进步，但这种项目管理只是局限在单个项目层次上的，对各个项目的个案管理，相当于把各项目孤立起来。这会造成单个研发项目局部合理，但是从企业战略整体角度来考察，集成后的研发项目在战略上不一定协调一致，甚至可能存在冲突。如果不能从企业层面对项目群进行战略平衡，系统化管理，就无法进行研发项目选择和研发资源的优化配置。

所以第二代研发的基本特征可以总结为：市场导向性的研发，项目管理开始被应用于研发管理。企业更注重研发的投入产出分析，对研发经费和研发进度进行控制，但尚未将研发管理提升到战略的高度。各研发项目之间的平衡、匹配和研发资源配置的矛盾尚未解决。

第三代研发：研发被纳入了企业战略（20世纪80年代末至90年代初）

这一时期经济环境呈现了经济过热、通货膨胀的特征。科学技术迅猛发展导致了越来越短的技术和产品的生命周期，技术创新很快被竞争者复制和赶超，曾经引领市场需求的创新可能很快被替代，消费者变得挑剔，市场饱和。因此，必须将研发工作提升到战略的高度，由企业的高层管理者直接对其进行指导，集体决策，以保证其符合战略目标、高效地进行。有战略决策权的企业高管层和研发管理者、研发人员之间开始了信息交流和紧密合作，研发鼓励越来越能体现企业的战略意图，为实现企业战略目标服务。除了战略决策者，企业研发部门还要建立与其他职能部门和研发支撑元素之间的协同与交互关系。"独立"的研发模式不复存在，企业建立各种机制，制定各种规则，促进研发机构和各个部门之间的联系，目的是使研发人员能够和市场、生产、供应、财务职能之间交流沟通，明确研发方向，降低研发风险。跨部门的战略平衡的研发组合建立起来，这种组合观念也平衡了研发的风险回报和市场成功。

这一阶段，项目管理理论体系已经成熟，第三代研发管理对项目管理理论的应用也日益深入。研发活动除了为实现企业战略服务外，还要控制成本，通过改善发展新技术的方法来提高研发投入的效率。企业进行项目组合投资管理，使用项目评估技术和方法分析研发费用效益比和风险收益比等。阶段把关模型（The

第二章 创新型企业研发支撑体系的理论基础及文献综述

Stage – Gate Process）等研发过程管理方法就是在这一时期被提出的，这种方法能够更好地检查和控制研发活动及其决策过程，提高研发风险管理能力，将那些市场成功率较小的研发项目及早淘汰，以免浪费①。研发管理者开始关注那些影响技术生命周期的因素。矩阵的分析方法被引入研发项目管理，这个矩阵包括研发时机、竞争优势、风险管理、技术和产品生命周期、研发资源配置和企业战略。

企业对成本控制的需求，使企业更倾向于"低风险—高收益"的研发项目。虽然企业已经经常使用市场调查来了解市场需要，并以此确定研发方向，但是市场调研得到的只是部分顾客现实的需求。很多顾客没有清晰表达潜在需求的能力，企业容易忽视顾客的潜在需求。如果企业的研发局限于应付眼前的市场需求和竞争，就很难建立长期的、他人难以模仿的竞争优势。

第四代研发：技术创新与市场需求互动型（20世纪90年代中末期）

在第三代研发模式中，企业已经将市场需求和研发活动连接在一起，并将研发纳入企业战略。但是，企业只限于满足顾客当时的需求，不能发掘顾客潜在需求，所以当时渐进式的技术创新是主流。这种对于技术发展趋势的忽视，使很多企业研发陷入了被动境地，不利于建立企业核心竞争力。所以随着20世纪90年代西方核心竞争力理论，企业研发重点从推出传统意义的新产品，转向将创新扩大到整个企业运营过程。除了产品，工艺、设计、服务、销售等都是研发项目的来源。研发及支撑活动的整合以及平行化运行可以帮助企业提高新产品和服务推出的速度，超越竞争对手。

企业重新建立追求前瞻性的科技知识的兴趣，大量投资于知识整合和新概念的开发。企业的市场调查也开始加入发掘顾客潜在需求的内容，更好地了解顾客对产品和服务的期望。同时企业将技术研发和客户需求的发掘建立互动的关系，研发实现顾客潜在需求，又利用研发成果引导客户需求。如果顾客能够接受新技术，就将其商业化和产业化。所以，第四代研发管理相对于第三代研发管理的进步就在于在研发和客户需求之间建立互动关系。新的概念和研发方向也不只产生于研发部门和市场之中，企业各部门、合作企业等主体都能为企业提供创新的构思。这个时期的很多企业开始广开思路，从各种渠道收集创新的构思，为研发提供参考和指导。

企业管理者已经完全接受了研发的战略地位，他们实践了多种组织形式去提

---

① 李安民：《六代研发的划分给电信研究机构转型的启示》，《科技进步与对策》2007年1月。

高研发效率，建立研发风险管理机制。由于认识到研发成果产生的无形资产所创造的投资回报甚至会高于有形资产，企业开始重视知识产权的保护和管理，随着法律环境的完善和成熟，知识管理的框架也建立起来。

同时跨国公司开始意识到研发任务日益艰巨，研发投入日益庞大，单独一个企业已经难以完成所有的研发工作。通过实践，企业发现在全球范围内整合资源，建立研发联盟可以进一步推动技术创新。在这一阶段，技术转移、技术交易、技术合作、技术授权、企业并购等多样化的方式被创新型企业灵活运用，全球研发网络初步形成。

第五代研发：动态网络模式（21世纪初至今）

第五代研发管理思想的代表人物是Debra M. Amidon Rogers和Michael E. McGrath。Debra M. Amidon Rogers于1996年在《科技研究管理》上发表了《第五代研发的挑战：虚拟学习》，其中提出的协作创新系统、共生网络等重要概念是第五代研发管理的标志。Michael E. McGrath于2004年在其著作《下一代产品研发：如何提高产量，降低成本和减少升级换代》一书中，对第五代研发管理的概念、框架、方法等逐一进行了深入的剖析。

这一时期，企业的技术优势不再是单纯地、快速地推出新产品，有技术优势的企业试图把握技术发展趋势，控制新产品推出的时间和节奏。几乎所有产业的竞争都扩大到全球范围，技术更新加速，由不同研发主体合作，分担高昂的研发费用是大势所趋。企业整合研发资源成为一种关键的能力，拆分研究任务可以降低研发风险，这种做法被广泛采用。企业研发活动的边界被扩展，创新体系是协作性的，采用共生网络化的组织形式。协作主体包括合作伙伴、供应商、经销商、客户甚至竞争者，研发组织与商业环境相互作用和协调。当然解决协作中的利益分配是同时存在的难题，与不同组织系统之间的协调关联能力成为对研发管理者新的挑战。

加强外部合作的同时，内部的知识管理对于研发仍然具有很大推动作用。第五代研发中创新型企业通过激励机制，充分挖掘参与研发的知识型员工的潜力，使他们以创造新知识为己任。企业内部的知识分享，建立学习型组织，成立专门的机构保护和管理知识产权，构建了比较完善的知识管理体系（王宗良等，2006）[①]。

---

① 王宗良、朱斌：《五代R&D管理模式比较研究》，《科技进步与对策》2006年第8期。

第二章　创新型企业研发支撑体系的理论基础及文献综述

预测第六代研发管理：

可以预测第六代研发管理是一种更激进的转变。这种转变将转而回归到研发的源头，比如回到第一代研发的研究实验室，追求更本质的创新。可以将此看作重新强调研发中的研究部分。转变的基础是高科技产品更广阔的多技术基础和更多元的技术来源结构。将有一个技术来源的资源整合机制，比如企业研究实验室，内部风险投资，技术公司买卖，知识产权交易，风险投资公司，联合投资，独立研究机构或网络，内部研发驱动（Wang 和 Kleiner，2005）[①]。

（二）研发管理体系理论

1. 项目式研发管理体系

企业研发活动，比如新产品开发，具有典型的项目特征：一次性、独一无二、在一定的资源和时间约束下达到目标，所以研发管理中存在项目式研发管理体系有其合理性。在项目式研发管理体系中，研发活动按项目的推进而展开。项目式的研发管理体系按照项目管理流程可以分为六步：项目启动管理、项目计划管理、项目实施管理、项目控制管理、项目收尾管理和项目维护管理。

采用项目式的研发管理体系的企业大多数是中小型企业或技术要求不高的行业的大型企业。它的优点在于有很好的灵活性、协同性和可控性，同时目标明确。在项目式研发管理体系中，研发管理者首先明确项目管理的资源和时间等约束条件，定量分析研发项目的投入和产出，确定项目可行性。在此基础上设定项目目标，做出项目计划。在计划中注意划定责任界限，明确每个岗位的职责，协调上下游工序间的接口。在项目计划实施过程中对资金、人力资源等的投入以及时间进度进行控制。在项目结束阶段，认证和交付跟踪的方式，对项目完成情况进行检验。

由于研发管理活动在项目式研发管理体系中被分解和落实到每一个团队和岗位，在一定程度上能够有效地提高企业研发管理水平。在市场导向的研发活动中，一般由市场部门等了解客户需求的组织提出研发要求。研发部门与其他部门之间应该建立信息交流机制和协作机制，共同配合，完成研发任务。采用这种研

---

① Jincao Wang, Brian H. Kleiner, "The Evolution of R&D Management", *Management Research News*, Vol. 28, Iss: 11, 2005, pp. 88 – 95.

发管理体系的企业，其整体组织结构大多采用直线职能式，遇到需要多部门合作的研发项目也会采取矩阵式的组织形式。

项目式研发管理体系的缺陷非常明显，虽然企业的管理者意识到研发能够帮助企业满足顾客需求，实现企业利润，意识到研发是企业经营中重要的组成部分，但是研发并没有在企业运营中取得核心地位。研发只是被动配合市场部门等要求，同时受到财务部门预算、人力资源配备和硬件条件等的约束。企业的管理者也没有将研发与企业的核心竞争力直接关联。当企业规模较小、市场比较平稳时，这种研发管理方式的弊端尚不能显现出来。一旦外部市场发生较大变化，技术更新加速，企业规模扩大，项目式研发管理体系的问题就会暴露出来。

第一，研发部门与其他职能部门在沟通和协作方面存在问题。研发部门过分看重自身的价值，自视相对其他职能部门，如市场、财务、人力资源等部门存在优越感。这种"工程师文化"不利于各部门和职能部门之间的合作和协调，阻碍了研发管理的顺利推进。研发部门在与其他支撑部门之间沟通时缺乏有效的机制、形式和共同的语言，研发项目也难以有效地获取其他部门的支持。

第二，研发成果的不确定性与企业经营管理的计划难以相互协调。如果企业采用项目式研发管理体系，其他业务部门的管理者习惯于对所有任务进行量化考核，成本核算和控制系统遍布企业的每一个角落。但是，这种量化考核不适用于研发活动。对研发部门的工作进度和成果很难给予量化考核，尤其是短期内的量化考核，既不能考查到真正的工作成果，又会干扰研发工作的节奏和进度。如果企业坚持用一般的财务指标对研发部门进行简单的量化考核，往往会错误地估算研发成果的价值，造成研发人员的抵触情绪。所以对研发人员和部门的绩效考核处理不当，相当于让研发人员来承担很大一部分研发风险，研发人员为了减少自身的风险，可能会放弃某些有战略意义的研发方向，企业会因此错失一些具有战略意义的创新机会。

第三，研发部门的地位不高，难以在企业中营造创新的氛围，难以对研发人员产生有效激励。由于在项目式研发管理体系中研发部门扮演的是支持性和附属性角色，研发部门没有把握技术发展趋势的动力。除了按照其他部门或高管层的意见，完成由他们分配的研发任务，研发人员缺乏积极探索未知领域的兴趣，更缺乏主动发掘市场潜在需求和引领行业技术方向的勇气。当然，由于企业规模有限以及对研发的重要性认识存在偏差，研发人员对技术突破的探索也缺少物质的

第二章 创新型企业研发支撑体系的理论基础及文献综述

支持。在这种情况下,研发部门实际上没有被纳入企业战略规划之中。丧失了从战略层面观察技术创新的视角,没有动力致力于更有挑战性和前瞻性的创新尝试,这在一定程度上妨碍了企业的长远持续发展。

第四,以单个独立的项目分配企业的研发工作,使研发资源难以得到整合,容易出现本位主义倾向。在时间和资源有限的情况下,企业需要把各种类型的研发项目进行有机的结合,进行项目组合管理。如果企业的管理者不是站在整个企业的高度对所有研发项目进行综合管理,而是采用单个项目独立管理的方式来管理研发,就已经丧失了战略层面的研发管理的视角。即使从市场需求层面来看,单个的项目具有一定的价值,但可能各个项目的集合或组合在战略上就不是最优的。企业应该形成不同产品生命周期的产品组合,也应该从竞争角度形成技术和产品的布局。如果企业的研发活动缺乏全局和长远的规划,研发对于企业经营的推动作用就会大打折扣,事倍功半。

2. 流程式研发管理体系

一些大型科技创新企业对研发活动采用流程式管理体系。重视对研发活动的流程管理,有助于研发活动更紧密地与企业整体运营相结合,研发资源得到优化配置,研发进度得到更好的掌控,研发过程变得更高效和顺畅。流程式研发管理体系起源于集成产品开发(IPD – Integrated Product Development)的理念,是由美国 PRTM 公司出版的《产品及生命周期优化法》中首先提出的。它是指企业按业务流程的方式进行研发活动管理,为达到优化研发过程目的,企业分阶段、流程化地推进实施研发管理的各项活动。在流程式研发管理体系下,研发管理分为六个阶段:需求分析阶段、概念形成阶段、设计阶段、研究开发阶段、测试阶段和发布阶段。每个阶段的主要工作内容包括产品管理与团队建设、专业开发活动、财务活动、制度建设活动、服务与支持活动、销售活动和风险管理活动。

我国很多企业由于资源和自身能力以及战略目标的现状,很少在技术创新上采取领先战略,即使是以研发著称的高科技企业,如华为等,从总体上仍然采取风险较小的跟随策略。大多数企业对技术创新没有很高的要求,也没有能力进行基础性的科技研发,更倾向于采用适当的方法对现有的科技成果进行应用型研发,研发的重点就集中于产品的研发。IPD 更为关注研发产品所面对的市场需求,对于非技术驱动的企业,这种方法完全可以从充分关注和满足顾客需求的层面获得竞争优势,使研发与市场更为紧密的结合。

流程式研发管理体系相对项目式研发管理体系并没有实质性的进步,研发部门在企业中的地位还没有提升到战略层面,但它在研发与支撑因素的合作,以及资源有效利用方面上却取得了显著的进步,具体表现如下:

第一,采用流程优化管理体系使得研发部门的工作能够更好地适应市场等部门提出的研发要求。研发部门的工作更好地安排在企业经营的流程之中,和其他部门之间的关系更加协调。以阶段性决策和控制,使资源在研发流程保持正确的投向和较高的使用效率。

第二,由于研发部门能够更好地为其他职能部门服务,其在企业中的地位也有所提升,在职责范围内获得了一定的决策权和某些资源的分配权。

第三,严格分工的"部门制"的研发组织形式由较为灵活的 PDT(Product Development Team)跨职能产品开发团队替代。核心小组和由其管辖的全员项目小组构成了跨职能产品开发团队的二级结构。核心小组通常由 5~8 个具有不同领域的技术人员组成,其中一人是核心小组组长。核心小组主要负责与各职能部门沟通项目事宜,建立双向反馈机制,其结构如图 2-1 所示。小组的成员来自市场、开发、测试、财务、客服、质量、生产、采购等职能部门,核心小组内部没有分级,所有产品开发责任都分配到各个代表身上,每个代表的职责通常与其领域能力相关。

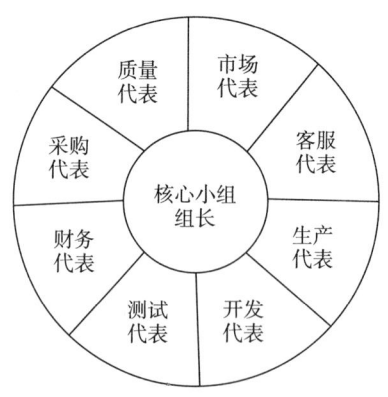

图 2-1　PDT(Product Development Team)跨职能产品开发团队结构图

全员项目小组成员来自不同职能部门,分别与核心小组的成员对应,核心小组的成员是他们的领导,对他们进行绩效考核。这种既定的信息传递与管理机制可以尽量解决研发部门和其他业务部门之间沟通时存在的专业差异矛盾,使信息顺畅和快速地在部门间传递。

第四,搭建企业内部管理信息系统,将现有知识储备和公共产品模块通过信息系统共享,使有相应权限的研发人员和其他部门工作人员方便地获取知识。既拓展了开发团队人员的知识面,增强了互信,又促进了沟通效率。实践表明,这种通过信息系统实现的信息共享对缩短研发周期、降低成本、提高研发成果质量都有很大裨益。

第五,各种系统工作方法、结构化设计、并行工程等先进的理论方法得到运用,项目的开发方法得到优化,丰富了研发管理方法。

另外,据统计,作为流程式研发管理体系的代表,集成产品开发(IPD)的有效实施给企业带来了以下帮助:产品投放市场的时间缩短40%~60%;产品开发的浪费减少50%~80%;产品开发生产率提高25%~30%;新产品收益增加100%。①

流程式研发管理体系的缺陷在于它忽视研发活动战略地位,这一点和项目研发管理体系是一样的。企业的营运仍然坚持市场导向与竞争导向,研发的构思和设想仍由各个职能部门提出,研发部门为它们提供技术的支持。在这种产品的构思促成和指挥技术研发的情况下,由研发创造的竞争优势是短期的而不是战略性的。同时研发部门所处的地位,使研发人员难以跳出产品的视角而站在技术的角度去从事研发。这也就使企业难以利用研发的技术创新去制造和挖掘潜在的市场需求,从而也就失去了培育战略性竞争优势的机会(许亮亮,2008)。

3. 战略式研发管理体系

在战略式研发管理体系中,企业研发管理被提升到了战略的高度。研发管理被细分为八个模块:研发战略管理、研发项目管理、研发人力资源管理、研发流程管理、研发组织管理、研发知识产权管理、研发技术平台管理和研发信息管理。

第三代研发管理开始将研发纳入企业战略管理中,产生了战略式研发管理体

---

① 刘良灿、李文、张同建:《面向新产品开发的集成创新中知识转化动力机制实证研究》,《科技管理研究》2016年第1期。

系。20世纪80年代末以后，科学技术迅猛发展和产品更新换代加快，消费者对技术的要求日益提高，买方市场的局面形成。创新型企业开始将研发提升到关系企业存亡的战略高度，企业的高层管理者亲自参与研发决策和管理，以保证研发符合战略目标、高效地进行。高管层意识到研发不仅在于为企业战略服务，研发自身就可以成为企业战略性的竞争优势。

企业采用了战略式研发管理体系，研发管理就不再是某一个部门的工作，研发管理是对企业整体创新工作的管理。无论是技术研发、生产制造、市场发展、战略规划和流程管理，都围绕创新展开，创新成为最高准则。在这其中，技术研发显然已处于核心地位，尤其对某些高科技产业的企业，技术研发已经关系到企业生死存亡。所以，战略式研发管理体系的突出特征就是技术研发活动的战略地位和企业资源对技术研发工作空前的支持和倾斜。同时，研发部门的受重视程度和话语权明显提升，不再仅仅是业务部门的支持部门，而是为企业直接创造竞争优势，实现企业整体战略的核心部门。研发部门被赋予更多的自主决策权和资源运用的弹性。企业将对研发投资视为一种对知识资产的投资，并认可这种知识资产的回报将远远高于其他有形资产。

在实际工作中，研发部门和业务部门的关系被描述为合作伙伴的关系。两类部门通过沟通共同决定创新构思和方案，并就研发进度和流程共同协商和合作。这种协作的关系有助于各部门跳出各自为政的狭隘思维，各部门考虑自身工作任务的同时会自觉地将其纳入整个企业的创新战略的框架中。研发部门可以更现实地估算研发活动的成本、效益以及风险和回报。具备了战略思维的研发部门也可以从时间进度和研发经费的双重角度去平衡企业各项研发活动的最佳组合和安排，这种决策一定是最有利于企业整体战略目标实现的。企业在人力资源和财务资源对技术创新的投入大幅增加，不过同时也要求研发能力和研发成果的相应提升。企业对于研发活动的绩效考核也超越了项目式和流程式的研发管理体系，创造出了更加科学合理的方法。比如，更重视研发活动所带来的战略性和长远的效益，充分考虑到研发的周期和不确定性。企业采取更加灵活的组织形式从事研发活动，除了建立常设的研发职能部门，在必要情况下，也会采取矩阵式项目小组的方式，以突破部门本位的制约，甚至公司高层在项目小组中任职，直接指导重要的技术研发任务。

战略式研发管理不再仅仅是对市场需求的反应，战略式研发强调针对未来市场发展所需要的前瞻性技术，属于一种不连续创新的性质。研发活动完全可以跨

第二章 创新型企业研发支撑体系的理论基础及文献综述

越路径依赖,实现技术上的突破,主动颠覆企业已有的技术,发起产业的技术变革。实行战略式研发管理的企业对这种突破和颠覆是鼓励的,这有利于在研发人员甚至其他部门人员中形成创新上的氛围,如果这种鼓励体现为各种激励手段的话,会极大地激发研发的积极性。研发人员会在完成现有的新产品的研发任务之外,更加注重超前技术的研发。企业中的突破性和明星类产品通常就是这样创造出来的。当企业的这种突破成为常态,企业的可持续发展就成为可能。

三、企业研发组织理论

(一)研发组织的特征

企业研发组织是知识密集型组织,研发人员的受教育程度一般较高,具有相当的知识水平。研发组织从事的是利用现有的知识,借助先进的技术、设备,创造出新的知识和技术的活动,这种活动和其他的业务职能部门有着根本的区别。在先进的研发管理中,新技术的研发对研发人员提出了更高的要求,不但要保持技术上的先进性和前瞻性,而且要有市场意识和控制成本的能力。

研发组织一般具有以下几个组织特征:

(1)组织结构柔性大,反应迅速。特别是项目式的研发组织一般因特定项目而建立,规模中小居多。人员的配备随项目不同而灵活调整。工作团队化、反应速度快、任务项目化,信息传递速度快、效率高。

(2)研发人员文化层次较高,是典型的知识密集型组织。研发组织的工作要求决定了其从业人员的知识层次,研发人员本身就是企业经营的重要人力资源。合理的研发组织结构可以使优良的人力资源充分发挥其优势和价值,产生企业需要的无形资产。

(3)研发组织的跨职能性质已经成为研发组织的发展方向。企业为了抓住机遇和避开威胁,满足或引导市场需求,需要各部门并行、协同地参与研发工作。这些部门不仅包括研发、设计、工艺和制造部门,而且还应包括市场营销、人力资源管理、财务等部门。研发人员也要学会和其他职能部门的同事进行顺畅的沟通,共享知识和集体决策。

(二)研发组织的类型

研发组织模式可以依据不同的维度,分为不同的类型。

(1) 按管理控制维度分类。管理控制维度体现的是企业的研发组织在整个组织结构中的地位及其与其他部门之间的关系。研发组织的职责范围，同时强调企业高管层对企业研发组织模式的选择。按企业管理控制维度，可将创新型企业的研发组织模式分为分散式、集中式和混合式[①]。

分散式研发模式多用于事业部制的企业。这类企业会在总部一级保留少数研发人员从事研发的规划组织和协调工作，大部分的研发任务被分配到各产品事业部。事业部自成一体，负责从产品研发、制造到营销的整套工作。该模式可以比较有效地整合产品决策、产品开发与经营，有利于缩短研发周期，实现产品系列化和升级换代。

集中式研发模式是将研发任务集中到企业的一个部门来完成，形成相对独立、流程完整的技术研发中心或研究院。该模式可以集约地利用企业资源，整合关联的研发成果，减少了重复研发，极大地提高了研发效率。在跨学科和跨产品类别的研发中，还可能发明新产品和新服务，起到引导市场的作用。这种形式已经成为许多创新型跨国公司和大中型企业的首选。

混合式研发模式试图综合以上两种模式的优点，依托企业自上而下的多级组织结构，配备相应的研发机构，形成多层级研发组织体系。企业集团层、事业部层和制造中心分别负责管理相应的研发任务，最大程度地避免了研发中心或研究院的研究活动与实际应用脱节的问题。这种模式有利于战略级研发与应用级研究的紧密结合，有助于形成产品的梯度开发（钟耕深等，2007）。

(2) 按合作研发维度分类。按照合作研发维度，企业研发的组织模式可分为独立组织研发模式和合作研发模式。

企业独立组织研发模式是指研发活动在企业边界以内进行，研发过程中除了与顾客和供应商的必要交流外，企业不借助于任何外力，也不会对外提供任何研发支持。D. A. Spremont 和 Jacquem（1988）提出了 A J 模型，Kamien 等（1992）在 A J 模型的基础上建立了研发投入溢出模型（KMZ）。两个模型都指出了独立研发组织模式在节约成本方面不如合作研发模式，但却是理性企业的选择。[②][③]

---

① 钟耕深、刘鹏、于莉：《高科技品牌企业的研发组织模式及选择原则》，《科学学与科学技术管理》2007 年 9 月。

② D. A. Spremont & Jacquem, "Cooperative and Non–cooperative R& D in Duopoly with Spillovers", American Economic Review, No. 78, 1988, pp. 1133–1137.

③ Kamien et al., "Research Joint Ventures and R&D Cartels", American Economic Review, Vol. 82, No. 5, 1992, pp. 1293–1306.

第二章　创新型企业研发支撑体系的理论基础及文献综述

Martin（2001）指出，技术溢出效应和技术专用性较高时，独立组织研发模式可能比合作研发模式使企业获得更大的价值。[1] 显然，这种模式保证了企业能够独享研发成果、保密性好。但其缺点也很突出：独立组织研发模式受本企业所掌握资源的限制，风险较大、效率低。在科技迅猛发展的今天，很多高科技企业难以维持这种研发模式。

合作研发模式是指企业与顾客、供应商、经销商、公共研究机构、高校和政府部门甚至与竞争对手进行研发合作，实现研发资源的互补以提高研发效率（芮训诚，2009）。在很多产业中，技术变革日益加快，技术创新要求越来越高，企业需要更先进和多样化的研发平台支持。很多企业开始重视研发组织模式的重新设计和战略选择[2]。Thomas 和 Hubert（1998）认为，技术不确定性和行为不确定性比较强时，企业选择研发合作比较有利[3]。产业技术创新联合主体是产业链上存在竞争与合作关系的企业、创新链上的高等院校和科研机构、中介组织和政府相关部门等众多创新主体联合共建的法人实体组织。联合主体的独立法人地位保障了自身的独立性，通过法人治理机制对创新资源进行配置、对研发成果收益进行分配，既能够满足各参与主体的需要，也保障了组织发展所需的必要收入，实现了自我发展与满足各参与主体需要之间的权衡（高宏伟等，2018）[4]。企业间的技术互补程度越强，企业就越能从研发合作中获得收益，因此企业也越适宜进行研发合作（马如飞，2011）。

合作研发的目标是多个主体共同创造新的技术，这就要求各主体间能够进行有效的知识交流与共享。在合作研发中企业间逐步由竞争和分工关系转变成合作和协作关系，企业之间的关系变成合作与竞争共生。产学研之间共享资源、整合资源加快研发速度，并在一定程度上降低研发风险，由此就出现了虚拟研发战略同盟，也可称为虚拟研发组织。虚拟研发组织围绕特定的研发目标和内容，提高知识创新和知识转化能力，以信息技术和计算机网络等为手段，将产学研各方连

---

[1] Martin Stephen, "Spillovers Appropriability and R&D", *Journal of Economics*, Vol. 62, No. 37, 2001, pp. 1-76.

[2] 芮训诚：《产品差异化视角的企业研发组织模式动态选择研究》，《上海经济研究》2009年第1期。

[3] Robertson, Thomas S. & Gatignon Hubert, "Technology Development Mode: A Transaction Cost Conceptualization", *Strategic Management Journal*, Vol. 19, No. 6, 1998, pp. 515-531.

[4] 高宏伟、肖广岭、李峰、刘烨：《产业技术创新联合主体：概念、类型与特征研究》，《科学学研究》2018年1月。

接起来。这种虚拟组织方式打破了地域的限制,加强了组织各方之间的协作,实现了知识、软件系统、研发设备、加工设备、人力资源等资源的共享(王英俊,2006;王海军,2007)。

合作研发组织充分利用了知识的溢出效应,知识的溢出对企业本身来说是不利的,但对其他个体乃至整个社会而言,却有正外部性。合作研发除了可以分摊研发成本、在联盟范围内分散风险、优势互补之外,还能在一定程度上实现溢出的内部化。

(3)按组织结构维度分类。按组织结构可将研发组织分为三类:直线职能组织、矩阵组织和项目组织。有研究把矩阵组织按照倾向于项目或职能细分为项目矩阵组织、平衡矩阵组织和职能项目组织三种。

研发直线职能组织即研发部门作为企业职能部门之一,与其他职能部门如财务、人力资源、市场部门是平行和同级的关系。这种组织形式适合创立时间不长、产品种类不多、业务范围比较狭窄的企业。但随着企业的发展,实现了多元化经营,职能部门日益增多、规模膨胀,直线职能型的研发组织形式的弊端就会暴露出来,难以满足企业对研发活动的要求。特别是直线职能研发组织形式的本位主义、部门间沟通不畅、缺乏灵活性等缺点会成为企业发展的短板。

研发矩阵组织形式结合了直线职能式和事业部制的组织形式,通过横向联系和纵向联系的管理方式,促进信息在各部门之间的传递和反馈,在研发活动中部门间相互协调和相互配合,提高了研发效率。这种组织形式缩短了信息流通的路线、加强了信息反馈、增强了部门间的联系和理解。根据研发项目经理的权力大小和项目特征矩阵式组织形式又可分为弱矩阵、中矩阵和强矩阵形式。在弱矩阵形式中,职能部门员工不是从原部门调至项目小组,而是留在原职能部门。该员工只是承担了一些项目任务,由职能部门经理对员工进行绩效考核。项目经理只是负责各部门的协调沟通工作,不是真正意义上的管理者,权限较小。中矩阵的项目经理权限较大,对项目整体负责,项目成员从各职能部门借调过来,这种形式也被称为平衡矩阵形式。强矩阵形式中研发项目经理的权限最大,甚至由高管层任命,直接向其汇报。在项目期间项目成员是被派到研发项目组中的,项目组成员只向项目经理汇报,其绩效考核由项目经理完成,项目组成员在项目结束后回到各职能部门。企业的研发组织形式采用何种矩阵形式主要取决于研发的难度、企业的发展阶段和规模、产品开发的复杂程度。弱矩阵形式适合技术简单、技术界面清晰、跨部门协作要求不高的情况。当企业职能部门增多、研发难度加大、产品多元化、研发活动与其他部门协作要求增加时,研发管理更宜采用中矩阵或强矩阵形式①。

研发项目式组织形式的组织管理模式是由项目组织独立负责研发任务,项目的组织独立于职能部门之外。在这种结构中,研发管理的大部分决策权授权于项目经理,使其成为真正意义上的项目负责人,由其整合组织内外部研发资源,完成研发任务②。项目团队成员从职能部门中抽调出来,在项目组织中专门从事研发项目工作,由于成员聚集在同一项目组,目标专一,工作效率得到大大提高。同时,研发工作的管理都集中于项目经理一人,避免了多头领导,其内部沟通效率较高。在研发项目组内部没有太多管理层级,项目信息传递顺畅,决策和响应速度较快。研发资源如经费、人力资源和时间进度的分配和控制也比较简单,便于研发经理掌握全局。这种研发组织方式的缺点也非常明显:项目成员来自各职能部门,项目结束后再回到职能部门,这种调动会影响其归属感。比如,项目成员在调离职能部门时会担心其位置被他人代替,影响今后的绩效考核和职位晋升等。同时,项目式组织形式也对研发经理提出了较高要求,研发经理与职能部门之间的沟通协调能力直接影响了研发资源的供给和研发人员的工作环境和稳定性(钟耕深等,2007)③。

四、企业技术创新生态系统理论

1866年,生态学概念由德国动物学家Haeckel提出,被定义为是研究动物与有机体和无机环境间相互关系的科学。1935年,生态系统概念由A. G. Tansley提出之后,得到了广大研究者的认可,人们对于生态问题的研究拓展到了更加宏观的角度,开创了生态系统研究时代。后来生态系统理论的基本原理和研究方法被越来越广泛地应用到管理学、情报信息学、社会学等人文社会科学的研究中,为这些研究领域提供了有益的启示,同时出现了大量的研究成果。

20世纪70年代开始,经济管理领域引入了生态学理论,于是产业生态系统(Industrial Ecosystems)、知识生态系统(Knowledge Ecosystems)、商业生态系统

---

① 胡克松:《完善企业研发项目组织形式的策略研究》,《经营管理者》2012年4月。
② 李利、王涛:《浅析研发项目组织模式》,《山东冶金》2006年6月。
③ 钟耕深、刘鹏、于莉:《高科技品牌企业的研发组织模式及选择原则》,《科学学与科学技术管理》2007年9月。

(Business Ecosystems)、组织生态系统（Organizational Ecosystems）等新的研究领域出现了。到20世纪末，生态系统理论已被某些学者引入到技术创新领域，以生态学理论解决技术创新的相关问题。2004年，美国竞争力委员会提出了创新生态系统（Innovation Ecosystem）的概念。目前，国内外对创新生态系统的研究尚处于起步阶段，其概念和理论还在不断的发展中。迄今为止，国内外学者关于技术创新生态系统的研究可以概括为以下几方面：

（一）对创新生态系统的定义和机制研究

Iansiti和Levien（1983）通过对沃尔玛、微软等公司的分析发现，这些大公司利用其市场优势，在"系统核心企业战略"的指导下，构建出与其他企业共生共存的生态系统，激发创新，提高生产效率与系统稳定性。这种整个系统网络的合作可以帮助企业扩展边界，在获取更广阔的市场中获得成功，这就是创新生态系统[1]。1996年，Lynn和Reddy等首先提出了创新群落概念，认为技术研发及商业化过程中直接和间接涉及的所有组织都可看作创新群落[2]。Freeman（1997）指出，企业应对系统创新做出一种基本制度安排，这就是创新生态系统，企业间创新协作关系是其网络构架的主要联结机制。Levine（1999）研究了各创新产品之间的相互关系，结合种群生态学的模型建立了产品创新生态学模型，该模型有助于企业认识现有产品及新产品研发的未来走向[3]。Ander（2001）认为，创新需要通过与一系列创新协作单位互补性的合作才能为顾客提供真正有价值的产品和服务，而不是单个企业可以完成的任务。Renning（2002）认为，企业创新行为同时存在企业技术创新知识外溢与外部环境成本增加的问题；市场对企业创新行为有拉动作用，环保法规和安全质量标准、社会制度创新问题等非市场力量对企业创新行为有推动作用。他的研究对创新从生态经济学的角度进行了新的界定，提醒企业创新需要注意"双重外部性问题"[4]。Kayano和Chihiro（2008）运用生态学理论

---

[1] Iansiti & Levien A., "Process Model of Internal Corporate Venturing in the Diversified Major Firm", *Administrative Science Quarterly*, Vol. 28, 1983: pp. 223–244.

[2] Lynn L. H. Reddy, N. M. Aram, J. D. Linking, "Technology and Institutions: The Innovation Community Framework", *Research Policy*, Vol. 25, 1996, pp. 91–106.

[3] Levine S. H., "Products and Ecological Model", *Journal of Industrial Ecology*, Vol. 3, No. 2–3, 1999: 47–63.

[4] Rennings K., "Redefining Innovation – eco – innovation Research and the Contribution from Ecological Economics", *Ecological Economics*, Vol. 32, 2000, pp. 319–332.

第二章　创新型企业研发支撑体系的理论基础及文献综述

对美国、日本等国家的创新生态系统进行了分析，指出创新生态系统是制度系统和创新系统相互促进、相互影响而成的一个共存共生系统。Volberda 和 Fuller（2001）提出技术的进化与发展方向是由技术进步的整个生态环境来决定的。

我国学者在这方面的研究多集中在高新技术企业的技术创新生态系统。张运生、贺团涛和曾德明（2010）等对高新技术企业创新生态系统治理机制的研究，涉及企业技术创新的平台定价机制、决策机制、控制机制、谈判协调机制等方面。张利飞（2009）研究了高新技术企业创新生态系统的运行机制，其研究涉及企业生态位决策机制、创新平台的开放式创新机制、技术标准推广机制、利益协调机制四个方面。虞佳（2013）认为，创新群落类似于生物群落，可以把创新群落看作相互间具有直接或间接关联的创新种群的总和，成为一种创新个体参与创新的组织形式。产学研协同的创新联盟活动就可以看作一个创新群落。刘友金（2008）提出了技术创新群落的四阶段模型 CLC。杨忠直（2003）将企业创新生态系统的进化方式分为两种类型：学习型进化与变革型进化。李子和（1999）阐述了高新技术群落的概念。朱斌（2004）论述了高新技术产业集群的持续创新生态体系理论。李其玮等（2018）提出产业创新生态系统知识优势演化是一个"点—链—网"的立体演化过程，知识优势的演化划分为初级阶段、中级阶段和高级阶段，分别对应于生命周期阶段（点式）、生态进化阶段（链条）和混沌共生阶段（网络）[1]。

张运生（2009）将创新生态系统定义为：面向顾客需求，以专利许可、技术标准推广合作、协作研发为核心，以技术标准化战略为纽带，由高新技术企业在全球范围内形成的基于构件/模块的协同配套、知识异化、共存共生、共同进化的技术创新系统，这种系统与自然系统具有类似的生态关系特征。该系统以核心技术的模块化、界面技术的标准化、合作关系的锁定性、合作共生的必然性、协同创新的跨国性、集群的高度虚拟性等显著特征区别于传统意义上的虚拟企业、企业集群、集群式供应链、企业动态联盟、区域性工业园区等研究对象[2]。

贺团涛、曾德明（2008）在对高新技术企业创新进行研究的基础上提出，在创新生态系统内，模糊、相对、可变是企业边界的特征。根据高新技术企业创新

---

[1] 李其玮、顾新、赵长轶：《产业创新生态系统知识优势的演化阶段研究》，《财经问题研究》2018年2月。

[2] 张运生：《高科技产业创新生态系统耦合战略研究》，《中国软科学》2009年第1期，第134-143页。

生态系统的形成机理的特点，他们认为企业整合创新资源时，完全可以对企业边界或组织结构进行调整和改变。为了适应环境的变化和市场要求，企业与外部研发支撑体系之间可以共享知识、技术、信息等资源，建立协作机制、利益分配机制。侯沁江等（2015）通过对我国新能源汽车产业的研究，发现创新系统主要具有七个功能：知识获取与扩散、合法化、促进市场形成、基础设施与支撑平台建设、资源流动、产业链整合、正向外部性创造[①]。

（二）创新生态系统对企业绩效的影响

创新生态系统可被看作一种协同整合机制，影响企业创新绩效的关键因素就是创新生态系统的整体创新能力[②]。创新生态系统涉及产品生命周期、研发周期、风险评估和资源配置等内容，是一个复杂系统。Adomavicius（2001）认为，技术的演进与发展依赖于技术创新的整个生态环境[③]。Adner（2006）指出创新生态系统是一种协同整合机制，这种机制形成一套面向客户的、协调一致的解决方案，它能将系统中各企业的创新成果整合起来，同时他认为影响企业绩效的关键要素就是创新生态系统的整体创新能力[④]。Daniel C. Esty（1998）认为，创新生态系统可以帮助企业在其经营过程及其产业链的上下游找到提高效益和降低成本的途径，从而提高企业竞争力。詹姆斯·弗·穆尔（1999）利用生态学理论来观察和设想现在及未来的经济世界，认为即使弱者也能够生存，在未来的经济发展中企业间相互依赖、共同进化[⑤]。

（三）创新生态系统理论对创新风险的研究

Ron Adner（2006）认为，创新生态系统面临的风险包括首创风险（Initiative Risks）、集成风险（Integration Risks）、依赖性风险（Interdependence Risks），并

---

① 侯沁江、蔺洁、陈凯华：《中国新能源汽车产业的创新系统功能》，《经济管理》2015年第9期，第9–28页。

② Adner R., Kapoor R., "Value Creation in Innovation Ecosystem: How the Structure of Technological Interdependence Affects Firm Performance in New Technology Generations", *Strategic Management Journal*, Vol. 31, No. 3, 2009, pp. 306–333.

③ Adomavicius G., "Expert Driven Validation of Rule Based User Models in Personalization Application". *Data Mining and Knowledge Discovery*, Vol. 2, pp. 7.

④ Ron Adner, "Match Your Innovation Strategy to Your Innovation Ecosystem", *Harvard Business Review*, Vol. 84, No. 4, 2006, pp. 98–107.

⑤ 林婷婷：《产业技术创新生态系统研究》，哈尔滨工程大学博士学位论文，2012年。

第二章 创新型企业研发支撑体系的理论基础及文献综述

提出相应的创新战略。张运生（2008）研究了高新技术企业创新生态系统的结构和边界，在此基础上提出了高新技术企业创新生态系统的定义。企业在技术创新中与创新生态系统中的其他物种建立协作共生的关系。为了提高协作的效率，企业会与其他个体共享信息和加入技术标准。与这种协作和依赖伴生的是创新生态系统的风险，包括依赖性风险、专用性资产投资风险、结构性风险、资源流失风险、信息不对称风险、收益分配风险等。在研究了创新生态系统风险产生机理的基础上，建立风险识别的指标体系，构建风险识别模型[1]。研究列举了创新生态系统的风险源，结合创新生态系统的特征，建立了高新技术企业创新生态系统的风险评价指标体系。朱清（2017）提出产学研知识创新联盟的运行风险是参与创新联盟的利益相关方都面临的共同风险，既影响联盟的合作效率和发展稳定，同时对参与的个体产生巨大的破坏性影响，运行风险根据联盟的不同形式和发展的不同阶段而呈现出不同特征，需要在不同环境和多个维度下进行研究[2]。

第四节 本章小结

本章主要内容为创新型企业研发支撑体系的文献综述和理论基础。力图在收集和分析已有文献的基础上，理清本书的几个重要概念，梳理研究的理论脉络，为后续的研究工作奠定理论基础。

第一节首先分析了本书的研究对象之一——创新型企业的概念，在查阅和学习大量国内外文献的基础上，从四个方面归纳了创新型企业的定义：创新绩效、创新能力、企业文化、企业行为。企业的创新属性不止表现在一个方面，对创新型企业要有一个系统的、全面的认识。其次综合这四个角度进行描述，给出了创新型企业的定义。最后，描述了创新型企业的特征，使得创新型企业的概念更加明晰。

第二节分析了本书的研究客体——创新型企业研发支撑体系。因为基于企业内部微观视角的企业研发支撑系统的研究并不多。所以归纳概念的时候也参考了

---

[1] 张运生：《高科技企业创新生态系统风险产生机理探究》，《科学学研究》2009年第6期，第925—931页。

[2] 朱清：《产学研知识创新联盟运行风险控制研究》，哈尔滨工业大学博士学位论文，2017年。

>>> 创新型企业研发支撑体系研究

中观和宏观视角的企业研发和创新支撑体系。在此基础上首先界定了通用的企业研发支撑体系的概念,然后结合创新型企业的特征,界定了创新型企业研发支撑体系的概念,并且描述了其特征。

第三节比较详细地阐述和总结了创新型企业研发支撑体系的理论基础。整个理论体系可以概括为如图 2-2 所示。

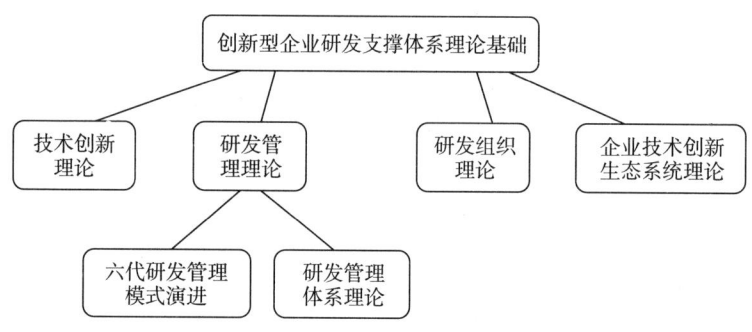

图 2-2　创新型企业研发支撑体系理论基础

第三章

创新型企业研发支撑体系的模式选择

创新型企业研发支撑体系是为了企业完成研发创新的目标,对企业内外部的研发支撑资源的有效组织。研发支撑资源可能分布在企业内部,也可能分布在企业外部,而研发支撑体系的作用就在于整合调动各种研发资源。优化的研发资源配置能够给企业带来理想的创新绩效,从而形成企业竞争优势。

由于企业存在发展历史路径及现实状况的差异,研发支撑体系也存在很大不同。本章总结了现有的研发支撑体系的主要模式,并提出新模式;归纳分析了影响企业研发支撑体系模式选择的因素和作用机理;研究了跨国公司的全球研发支撑体系。

第一节 创新型企业研发支撑体系模式

一、创新型企业研发支撑体系模式的类型

本书主要从创新类型和创新资源分布两个维度考查创新型企业研发支撑体系的模式类型。一方面,创新型企业研发支撑体系服务于企业的创新活动,而创新成果根据创新强度可以分为渐进式创新和突破式创新;另一方面,创新资源可能存在于企业的内部和外部。

根据国内学者如傅家骥（1992）、柳卸林（1993）、许庆瑞（2000）等的研究，按创新强度可以将技术创新分为渐进式、突破式和破坏式创新三种类型。吴贵生等（2009）认为，根据技术创新过程中技术变化性质的不同，技术创新模式的分类如图 3-1 所示。

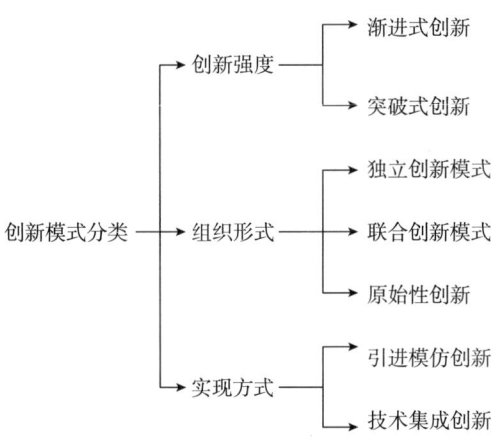

图 3-1 技术创新模式的分类

破坏性创新与突破性创新，合并为突破式创新。突破式创新常常伴随着一系列渐进性的产品创新和工艺创新，并在一段时间内引起产业结构变化。

渐进式创新（Incremental Innovation）是指在既有的市场需求惯性和技术路径上，对技术进行持续改进的创新。这种改进无论是局部的还是全局的，都是持续性的创新。渐进式创新基于现有的知识、人力资源，对于研发管理者来说比较容易掌控。因其服务对象是主流市场的用户，投资者普遍认为风险可控，研发活动容易获得资金支持。突破式创新（Radical Innovation）要求在技术上取得较大突破，研发难度大于渐进式创新，但仍属于持续性创新。研发还是沿着主流创新路径和市场需求思路，但要求创新具有一定跳跃性，呈现间歇跳跃特征。熊彼特最早提出破坏式创新（Destructive Innovation）概念，认为这种能破坏现状的创新是经济发展的主要动力。破坏式创新是基于新的范式开展的跃迁式的创新，运用与以往研发路径和思路完全不同的技术创新模式，是非连续的创新。破坏式创新超越了顾客对产品或服务的预期，挖掘了他们潜在的需求，对市场和产业进行颠覆性的改造。一般认为，渐进式创新与破坏式创新在性质上存在冲突，在同一家

第三章 创新型企业研发支撑体系的模式选择

企业内同时开展两种模式的创新是十分困难的。考虑到大多数企业研发的实际情况,本书将创新按创新强度分为渐进式创新和突破式创新。

创新资源的分布主要考虑创新资源在企业内外部的分布情况。创新资源是一个范围很广的概念,包括知识储备、研发人力资源、硬件设备、创新环境、创新意识、创新网络等,反映了企业的创新潜力和技术能力,是影响企业创新绩效的主要因素。各类创新资源之间并不是孤立存在的,它们相互影响、协同演进。创新型企业研发支撑体系的功能在于服务企业创新目标,对内外部创新资源进行整合。

按照创新类型和创新资源两个维度,可以把创新型企业研发支撑体系划分为四类,即内部持续模式、内部基础研发模式、网络合作模式和外部引入模式。研发支撑模式划分只是针对具体的创新任务和目标而言,创新型企业也可能采用混合模式,例如,同一个创新项目可能同时进行着渐进式和突破式技术创新,也可能同时利用内部或者外部创新资源。企业不同的创新模式有不同的研发支撑体系,具体表现在组织结构、决策体系、资源配置、知识管理和规范体系等内容的不同。

下面依次解读图3-2中四种研发支撑体系模式。

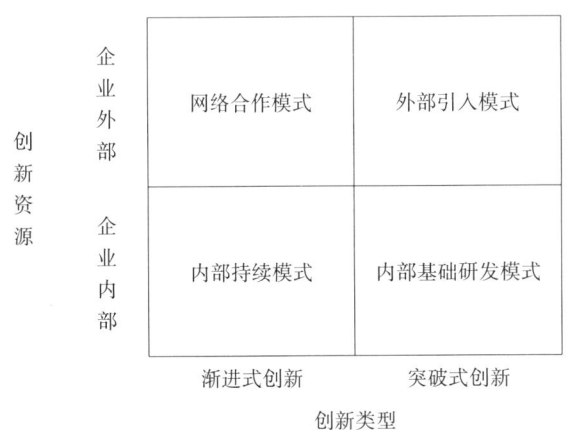

图3-2 创新型企业研发支撑体系模式的分类

(一) 内部持续研发支撑模式

内部集中研发的模式被大多数企业所采用。这种模式下创新路径稳定,创新资源容易获取,主要集中在企业内部,企业对研发的要求就是对现有技术进行持续性改进①。

内部持续研发模式的企业多采用科层制或者项目制为代表的组织结构,进行从上到下的线性决策模式。企业的创新战略比较明确,企业一般掌握着行业的核心技术,研发的目标明确,资源配置主要围绕项目进行产品和工艺的创新,行业环境与制度环境也相对成熟和稳定。

从创新组织方式来看,采用内部持续研发模式无须与外部主体合作,一般采用独立研发,研发所需资源包括资金投入、人力资源、知识储备等都来自企业内部。研发的管理和运作也由企业独立完成。企业研发成果归自己所有,并将研发成果商业化和产业化,转化为企业的核心竞争力,满足客户需求,获得市场回报。

这些企业所面临的技术发展路线比较稳定,创新资源还是主要集中在内部,虽然创新型企业间采用的组织结构有所不同,但是战略决策、研发体系、组织资源都围绕或向主营业务项目和产品的创新过程集中。另外,企业研发管理和知识管理已形成固定的模式。

(二) 内部基础研发支撑模式

在内部基础研发模式下,创新目标在于通过以内部自主研发为主,实施突破式创新。单纯采用内部基础研发支撑模式的企业并不多,因为内部研发存在巨大的投入风险,以及突破式创新短期内的低收益预期,使大部分企业不可能完全按照这种模式进行创新和经营。但是,从长期发展来看,坚持自主模式的突破式创新能够有效提升企业的核心技术能力,并为企业带来竞争优势和超额利润。所以,当行业的关键技术和共性技术限制了企业的技术升级和转型时,很多企业采用内部持续创新和突破创新结合的模式。在采用传统的组织结构模式下,企业能够就技术创新目标达成一致,并进行持续研发投入。但是,企业在新技术方面需要进行知识积累和管理,并促进新技术范式和标准的尽快形成。

内部基础研发模式专注于研发难度较大的基础性的科技突破,是完全依靠研发企业内部的努力和探索进行的对前沿性知识的研发。企业在没有参照对象和参照标准的情况下,致力于原创的技术研发。研发成功会产生其他企业难以获取的核心技术或核心概念,企业一般会将这种独一无二的领先研发成果商业化,完成

---

① 肖红军、赵剑波:《创新型企业组织结构呈开放性特征》,《中国社会科学报》2013年9月25日。

研究之后的开发环节。当基础研发成果转化为新产品推向市场时,一旦为市场接受,这种领先优势会保持相当长时间,很难被竞争企业模仿。

通过内部基础研发实施的自主创新战略,能够有效实现关键技术和共性技术的突破。企业的技术资源和创新资源还集中在内部,仍采用集中决策的模式,并保证主营业务的地位,或者主营业务与未来业务的平衡。

(三) 网络合作研发支撑模式

如果企业技术发展轨道稳定,但所需研发资源需要从外部获取,这种有效提升企业研发效率的模式是网络合作创新模式。企业把新知识、新技术、企业价值观集成起来,通过跨学科合作的创新行为,形成核心竞争力,从而实现企业经营目标。网络合作研发是提高核心竞争力和保持持续竞争优势的关键。

从组织形式看,网络合作研发支撑模式的特征表现为联合创新。企业与企业研发支撑主体通过契约、合资等形式联合在一起,研发资源共享和互补,共同完成研发目标。这种联合研发形式需要各合作方有明确的合作目标,共同投入、共享成果,这对企业研发管理的能力要求很高。企业和其他各方要事先制定联合研发的合同和合作规则,做到研发收益共享和研发风险的共担。创新网络不仅局限于企业内部,而更多地建立组织和组织间的网络联系以整合资源。网络集成创新的组织运作在兼顾"内部组织集成"与"外部组织集成"的同时,综合起来就是着力企业集成创新网络的构建与应用。技术集成创新寻求技术与市场需求间的对接,将各类技术有机集成,通过不同领域间技术的非线性整合,产生前所未有的研发成果。技术集成创新无须取得科技的原创新成果,更需注重利用现有公开技术、专利技术和企业的知识储备,在技术组合模式或方法上获得突破。只要研发成果符合市场需求,这种组合模式上的突破也可以成为企业的核心竞争力。

总之,网络合作创新支撑模式要求采用网络状的组织结构,即研发总部和各个研发中心之间的网络联系。在决策体系中更多采用整合与协调的方式调动全球行业技术资源,以消除这些分散创新资源之间的弱联系状态,并进行持续的研发投入,不断进行规则与制度的优化和创新。

(四) 外部引入研发支撑模式

外部引入模式倾向于从企业外部获得原创性和突破性的技术。企业对引进技术的要求较高,集中于产业的关键技术,具有前瞻性。外部引入的方法包括直接购买、并购获得、许可证贸易、成套工程承包等。在自主创新力不足，或研发资源有限、时间紧迫的情况下，外部引入模式是一种效率较高的方式。随着技术的引进，企业的组织结构、工作流程等可能会发生局部的变异和优化。外部引入模式成功的关键在于消化吸收。参考已有的范本，将技术首创者的实质性技术与企业的市场需求和现有条件相结合，使得引进技术为我所用。企业也可以在引入模式基础上实现再创新，获得渐进式或突破式研发成果，获得更具竞争力的核心技术。

外部引入模式是利用外部创新资源，实现企业突破创新的有效途径。外部有效资源的利用有合作利用和整合利用两种模式。在合作利用的情况下，企业可以采用松散的组织形式，灵活协调的决策系统，针对性配置创新资源，完成突破技术创新的任务目标。在整合利用的情况下，企业可以把外部技术创新资源内部化，整体引进并形成一个业务部门，但是应尽量保持整合后部门的独立性，采用分散决策的体系，支撑企业创新任务和目标。在外部引入模式下，企业的规范体系建设还有待加强。

二、创新型企业研发支撑体系模式的比较研究

激烈的市场竞争使企业对技术创新的依赖性越来越大，而同时又使企业面临创新失败的巨大风险，使企业常常陷入两难的境地。一方面，外部环境的动态变化使得企业的创新活动不能仅仅停留在保证创新的成功率上，还要具有快速性、灵活性以及良好的应对不可预知状况的能力；另一方面，企业不可能拥有技术创新所需的全部资源。完全依赖于企业内部资源的创新支撑模式已经限制了企业的竞争优势，创新型企业也越来越看重外部创新资源的利用。所以，创新研发体系的支撑模式越来越呈现出协作研发与研发网络化的趋势。协作研发成为技术创新的主流方式，协作对象包括顾客、科研院所、高校、合作企业和竞争企业等。

不同研发支撑体系模式的比较如表 3-1 所示。

表 3-1 不同研发支撑体系模式比较研究

模式名称	组织结构	决策体系	资源配置	规范体系
内部持续模式	科层制	集中决策	聚焦现有业务	规范性
内部基础研发模式	项目制	集中决策	聚焦技术突破	规范性

第三章　创新型企业研发支撑体系的模式选择

续表

模式名称	组织结构	决策体系	资源配置	规范体系
网络合作模式	矩阵网络	协调决策	资源有效整合	弱规范性
外部引入模式	结构变异	分散决策	体系引进	弱规范性

按照不同的研发支撑模式，在决策机制、资源配置、组织结构、知识管理、规范体系等方面，它们呈现出不同的特征。创新型企业研发支撑体系的演变有开放性、合作性、互动性的趋势，即开放性强调企业边界的突破，创新行为不再局限于一个企业之内；合作性强调创新组织之间的合作；互动性强调创新行为与用户需求之间的互动。

结合未来的演化趋势，市场导向将越来越成为创新型企业的研发决策机制的核心，强调在全社会范围内实现资源优化配置。从组织结构上看，企业的边界有弱化的趋势，网络将各个主体联合起来。知识管理不再局限于企业内部，更大范围的知识共享和学习成为各类主体的需求。当然研发协作和网络化也给现有的规范体系带来威胁，参与研发的各方都要重新思考利益分配的问题。

（一）决策体系

从决策机制上看，企业的研发决策根本上取决于市场需求。研发成果最终会成为顾客的体验，所以研发决策的重心越来越向顾客倾斜。同时，企业也要对技术发展趋势有所认识，区分顾客现实的需求和潜在的未来需求。只有两相结合才能产生良好的产品组合布局，同时拥有处于生命周期不同阶段的产品和技术。所以在研发决策体系中要适当放权给各职能部门，汇总多方意见，集体决策。

（二）资源配置

研发联盟、联合研发已经成为企业研发不得不面对的选项，研发活动中企业边界与结构随环境的变化而动态变化。企业不得不寻求外部资源的支撑，再结合内部资源和既有资源，完成研发工作。企业如何识别、传递、获取有效的外部资源，成为研发管理首先要探讨的课题。企业在"再平衡"过程中如何分配资源，以支撑研发管理的变革，以及在变革过程中，如何平衡各方利益，这些问题都将是新技术背景下企业配置内外部资源时面临的问题。无论是企业外部研发资源还是内部研发资源的配置，企业研发将是一种处理企业与用户、组织层级、组织间合作三者之间资源平衡与协调的过程。

（三）组织结构

从具体组织形式上看，不同研发支撑体系模式对组织结构的要求各不相同。内部持续模式因为研发资源都集中在企业内部，研发难度不大，也不需要突破性的创新，所以多采用传统科层式组织结构。这种结构的管理难度较小，职能部门之间分工明确，研发活动中也不太需要部门之间的协作。

基础研发模式的研发资源投入也集中于企业内部，但研发难度较大，要求获得突破式创新成果。这时简单的科层式结构已经不能满足要求，特别是一些对于企业发展至关重要的研发活动。基础研发需要集合企业的优质资源，上升到战略高度，项目式结构比较符合要求。由相当级别的管理者任命项目经理，并对项目负责，方便重要研发活动的资源调配。

网络合作模式的组织形式有网络化特征，这也是创新型企业研发支撑体系的未来趋势。网络合作中的主体在合作中能够对不断变化的市场需求和技术发展做出快速反应，沟通应对研发的不确定性和技术创新风险。除了研发活动，企业的各项主要商业机能，包括产品设计、制造、销售等都可以由网络合作中的个体合作完成。国际化研发中，企业通过在技术人才聚集地建立研发中心、跨国并购或直接建立国外研发机构，以及加入建立国际研发联盟等形式将研发活动扩展到国外。这种新的技术范式特征是研发资源获取的全球化、研发人才国际化、创新组织网络化。

无边界化是指企业各部门间的界限模糊化，目的在于使各种边界更易于渗透，打破部门之间的沟通障碍，有利于信息的传送，比如创新型企业中的团队组织。团队指的是职工打破原有部门边界，绕开中间各管理层，组合起来直接面对顾客和对公司总体目标负责的以群体和协作优势赢得竞争优势的企业组织形式。

外部引入模式会引起企业研发和其他组织结构的变化，特别是如果引入的是关键性和突破性的技术创新成果。企业为了适应这种创新，使创新成果融入企业运营中，就要打破原有结构，实现组织和流程的再造。

（四）规范体系

内部持续模式和基础研发模式的体系规范性比较强，主要因为研发资源聚集在企业内部，企业对资源掌控力度很强。无论是规范的建立还是实施，企业都比较得心应手。网络合作模式中,由于强调不同企业和机构的协同创新和网络化结构,创新型企业对研发活动的掌控难度加大,规范体系呈现出弱化的趋势。弱化的规范体系固然有助于资源自由流动,减少研发活动的束缚,扩展研发空间。但对于研发管理来说,如何建立新的规范体系,界定合作各方的责权,也是新的挑战。在外部引入模式下,创新型企业在与外部技术源合作中处于相对弱势。此时,如何制定新的规范体系,用契约等形式保障自己的权益,是研发管理应该注意的问题。

第二节 创新型企业研发支撑体系模式选择的影响因素

一、外部影响因素

外部环境是影响企业内在创新动力和研发支撑模式选择的重要因素。本书将创新型企业的创新外部影响因素分为政策环境因素、行业环境因素、技术环境因素和市场需求因素四类,如图3-3所示。在网络环境和新的创新模式作用下,创新企业研发支撑体系的建立、管理和利用必须能够有效结合外部环境及嵌入其中的网络资源,这也是企业提高竞争力的关键。

(一)政策环境因素

Mytelka 和 Smith(2002)分析了科技政策和技术创新之间的关系,认为两者是相互作用和共同演化的过程[①]。市场并不能从根本上解决创新的风险、创新的动力问题,政府政策恰恰可以弥补市场在这方面的不足,而且新技术的研发具有投入大、周期长的特点,一旦科研成果商业化,形成新产品和新技术,对社会进步的影响也是巨大的。因此,政府出台鼓励企业创新的政策能够给予企业研发很

---

① Mytelka Lynn K., Smith Keith, "Policy Learning and Innovation Theory: An Interactive and Co-evolving Process", *Research Policy*, Vol. 31, December 2002, pp. 1467–1479.

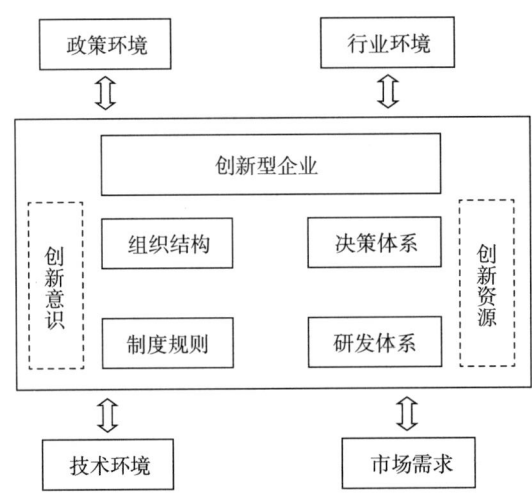

图3-3 创新型企业研发支撑模式选择影响因素

大的支持,同时企业研发需要完善的法律保护。政府鼓励企业创新的政策包括直接投入、税收政策、金融支持、建立科技创新基地和平台等。

政策和法律支持是企业研发支撑体系的重要组成部分。研发支撑离不开环境因素,政府在金融、税收以及资源分配等方面给予创新型企业优惠政策,可以鼓励和引导企业研发活动。研发的政策和法律环境既要与时俱进,也要在一定时间保持稳定,多变的政府政策反而会造成企业研发的风险。政府加大对公办研发机构和高校科研的投入,再引导基础性科技成果与企业结合转化为应用型成果。加强知识产权保护力度,推动各类研发主体的协同创新。创新型企业自身也要善于研究政策法律环境,获得特殊信息、资源等非显性资源。利用有利的政府政策和法律条件,积极参与政府采购等,达到降低研发风险、提高研发效益的目的。

作为创新型企业的指导和管理机构,政府政策的作用必须得到发挥和重视。通常政府以高科技园区等形式管理并支持创新型企业的发展。对于创新型企业,政府应该制定和实施适当的产业政策,使与核心产业相关的企业能在地理位置上实现集聚,实现集群内部的精细分工和产业链的完善。政府作用主要体现在科技政策和资金政策两个方面。

在政策支持方面,在国内很多地区,创新型企业集群多是以科技园区的形式存在,当地政府的科学技术委员会和园区管理委员会负责对这些企业进行管理,对于高新技术企业而言尤为如此。政府的作用表现在,沟通企业的需求和政府对于经济发展的要求，能够帮助企业获得相关政策支持，帮助企业考察当地环境以及简化相关手续，使得企业尽快开展业务，步入正轨发展。还有是资金方面的支持。一方面，政府为促进企业的发展提供资金支持和融资渠道，或者直接帮助企业取得银行贷款；另一方面，还需要帮助企业寻找当地的投资渠道，帮助建立新企业。此外，企业对于融投资和税务咨询服务的需求也是政府或者其设立的中介机构的工作重点。

我国目前已有大量生产力促进中心、创新服务中心和技术推广站分布在全国各地，这些机构的建立都得到了当地政府的大力支持。另外，政府还鼓励各地建立各种所有制形式的社会创新支撑平台，如企业孵化器、科技园区、技术转移中心等。这些社会创新服务体系部分支撑了企业自主创新活动。在这种情况下，创新型企业完全可以采用开放与合作的网络化创新模式，而不一定采用强调内部集中研发模式。所以，政策环境因素决定了创新型企业采用研发支撑体系模式的选择。

（二）产业环境因素

企业的生存发展离不开产业环境，产业环境在很大程度上决定了企业参与市场竞争的领域特征，产业的发展程度也制约着企业的发展。产业环境包括企业运营所需的各种生产要素、商业模式、企业竞争格局和创新氛围。这些要素直接影响企业研发，是企业研发支撑体系的重要组成部分。行业中的技术领先企业引领技术研发方向，制定行业技术标准，开创行业的商业模式，组织行业内研发竞合，起到了创新的风向标的作用。领先者往往制造知识溢出效应，该效应所促进的产业创新网络的形成和发展也是产业经济增长的最根本动力。行业中的追随者一般遵循领先企业的研发方向和研发路径，进行渐进式创新。行业中的挑战者会采用基础研发或研发合作网络模式，他们选择研发难度较大的模式，希望得到产业发展的关键技术，取得超额的投资回报，甚至挑战领先企业的地位。创新型企业的研发基本呈现开放性和连续性的特征，这些特征最终体现在市场竞争方面，因此创新型企业的发展深受行业环境因素的影响。创新型企业全面地认识产业竞争态势、客户需求、产业创新协作情况等环境因素，有助于企业加快反应速度、缩短研发周期、降低研发成本。

创新型研发支撑体系的选择也会受到产业组织模式的影响。在工业经济时代，行业领先的企业通常以规模取胜，它们在组织形态上偏爱垂直一体化，以此来实现对产业链的控制,将行业利润尽可能留在企业边界之内。而在信息经济时代,网络化趋势替代了垂直一体化的产业组织形式。创新网络注重各创新主体之间的相互联系、相互作用,产业中的研发联盟依靠主体之间的正式或非正式的交流、沟通与接触。一种类似"生态系统"机制的产业组织形式出现了,这种社会协同系统,各物种之间存在着密切的联系,互通有无,既竞争又合作,网络效应所成就的创新远远超过以往的时代。

(三) 技术环境因素

创新型企业的技术环境是指企业面临的技术要素及其支撑要素。技术本身就是创新型企业的核心竞争力,技术环境因素也是企业发展的根本性因素。企业的劳动生产率、竞争能力和社会对企业技术创新的频率的要求都受到社会整体科技发展的影响。企业如果忽视技术环境因素的研究,会对企业研发方向做出错误判断,影响企业获得研发资源。另外,因为科技环境在一定程度上可以影响生产流程、企业经营模式,所以技术环境会改变企业的边界以及经营形态,不能把握技术环境的企业会落后于行业整体发展水平。

技术环境包括社会科技和发展阶段、社会技术力量、行业技术标准和科技政策法律四个基本要素。社会科技水平和发展阶段是首要因素,它包括科技研究成果门类分布、基础学科与应用学科科研成果及先进程度和科技成果的转化为生产力情况。创新型企业认识社会科技水平和发展阶段有助于调整企业技术发展方向和模式与整体科技水平匹配,因为落后和过于超前的技术水平都不能被市场和合作企业接受。社会技术力量除了包括创新型企业在内,还有各类从事科技研究的主体,包括高校、科研机构等。企业可以与高校、科研院所之间建立协同研发的关系,使企业引进、吸收、运用所需知识,加速自身的技术进步。行业技术标准包括技术要素、指标及知识产权。创新型企业参照行业技术标准能够缩短企业技术差距,调整技术创新策略,抢占有利的位置。行业技术标准还能形成排他性的技术垄断,采用许可方式排斥竞争对手的进入方式,达到现有企业垄断市场的目的。科技政策法律环境指的是国家凭借行政权力与立法权力,管理、指导科技事业的途径。企业必须随时跟踪掌握科技政策法规,在做好合规管理的同时,充分利用有利政策和法规,维护知识产权获得外部政策资源的支持。

研发支撑体系取决于行业技术发展趋势的判断,即如何处理技术轨道"新"与"旧"的关系。在目前行业技术的发展趋势下,是否存在颠覆性技术创新的可能，这对于所有的创新型企业而言都是一个非常难以判断的难题。柯达、RIM、惠普成为企业战略转型的反面教材。"破坏式创新"也认为企业转型的关键在于发现"新轨道"。

对于大多数创新型企业而言，如果没有颠覆性创新的机会，那么按照现有的路径发展下去就是最好的战略。在渐进性创新模式的思维下，企业的研发支撑体系模式选择逐渐趋于清晰。企业规模和行业地位会影响企业创新模式选择。成熟的处于领先地位的大企业往往倾向于渐进式创新，因为它们已经享有了行业的丰厚利润，倾向于维护好现有地位。突破式创新的风险较大，对它们来说不是最好的选择。突破性的技术创新在企业内部也会遇到巨大的阻力，大企业官僚化的组织结构、决策机制、短视是企业难以有效开展突破性创新的重要原因。现实中，往往是行业的挑战性使企业开展突破性或破坏性创新。突破性和破坏性创新的高风险、高投入、长回收期符合挑战性企业的企业文化，也可能给它们带来意想不到的回报。

（四）市场需求因素

正如德鲁克所言，商业的目的只有一个合理的定义——创造客户。创新需求拉动理论认为，技术创新是企业对市场变化的一种本能回应。当一种全新的需求出现，企业会设法满足这种需求，由此派生出企业对技术创新的要求。

翟瑞瑞（2017）认为，市场需求可以促使企业优化配置技术创新资源，提高技术创新的能力。在所有激励企业和科研机构研发的驱动力中，市场回报的利益机制是最直接和有效的。市场能使社会需求信息通过各种渠道传递给企业，给企业研发指明方向。企业的研发成果市场化后又传递给用户，获得经济利益，所以市场机制帮助供求双方实现了各自的利益[①]。同时，市场的竞争机制是企业从事技术研究开发的最直接的外在压力。在协同创新、研发网络化的趋势下，市场为企业获取研发外部支撑提供了很好的平台。企业将企业与高校、科研院所和其他企业用利益机制联合起来。因此，市场在企业研发创新中发挥的推动作用是其他任何力量无法替代的。

市场需求引发企业的产品创新、服务创新。因为市场需求不断变化，随着科

---

① 翟瑞瑞：《技术创新模式组合对企业创新绩效的影响研究——基于企业异质性的视角》，北京邮电大学博士学位论文，2017年。

技和社会的发展，很多潜在需求又被不断发掘，这种不断变化的需求要求企业不断推出新的产品和服务，甚至通过突破式创新和破坏式创新推出全新的产品、服务，颠覆原有商业模式和产品模式，极大地满足客户的潜在需求。除了新产品和服务之外，企业因为利益驱动，也会通过研发降低成本，缩短供货期的预期。当然，市场竞争对模仿创新和渐进创新的推动比较明显，对自主创新和破坏式创新的推动力量相对较小。这就要求企业不仅了解现实的市场需求，还要探索和预测市场潜在需求，预见今后的市场趋势，在此基础上通过技术创新才能取得领先优势。

所以，当用户创新成为一种趋势的时候，企业必须将用户创新纳入自己的研发支撑体系，采用用户生态圈的管理方式不断吸纳用户对于企业创新的意见。

二、内部影响因素

创新型企业研发离不开外部环境对其提供研发资源、研发信息和研发的驱动力。但是环境对于行业内的任何企业来说都是一样的，而企业如果想在同行业竞争中取得优势，关键还在于如何利用这些资源，如何解读环境传递过来的信息。创新型企业只有依靠自身消化吸收来自外部环境的营养，通过内部学习和变革将其内化，才能使其价值发挥出来。所以企业内部的研发支撑因素才是形成企业研发能力，优化研发流程的关键所在。

从企业内部来看，研发活动的影响要素和基本条件可以概括为创新意识、研发资源、创新战略、研发能力和创新文化等。这些要素的不同组合，形成了不同企业的研发路径和研发惯例，也最终决定了研发效率和研发成果。

（一）创新意识

创新意识是创造新事物或新知识的动机，它可能来自于社会和个人的需求，也可能是创新者的灵感、思考所致，创新意识可以表现为意向、愿望和设想等。它是最有价值的人类意识之一，是创新活动的出发点和内在动力，也是创新能力的前提。从企业层面来看，企业的创新意识首先体现在企业家身上。企业家的创新意识包括对发现创新机会、预测创新前景、控制创新风险和组织创新。企业家要将自己的创新意识传递给研发人员和企业全体员工，让他们帮助自己实现创新成果。研发人员的创新意识表现为对研发工作的热情，如关注技术创新的趋势，积极学习新知识、新技能，对技术引发的组织变革、流程变化有很强的适应能力。

创新意识全方位推动企业研发，包括人力资源、研发制度、研发投入、企业文化等，对企业保持竞争力、生命力有着极大的推动作用。创新意识所属的主体就是人力资源，无论是企业的领导者、管理者，还是研发人员或其他部门人员，创新意识都是不可缺少的。而且并非企业家自身具有创新意识就可以实现企业创新，创新意识必须贯彻到所有员工。是否具有创新意识决定了企业能否寻找创新机会、抓住创新节奏，也决定了企业何时、用何种方式创新做出正确判断。可以说企业发展方向和轨迹正确与否，跟员工的创新意识有很大关系。当企业创新需要改变现有的组织结构、岗位职责，需要员工学习新的技能和工作方法，甚至触动员工利益时，员工有没有创新意识，就是改革能否顺利推动的关键了。研发本身是企业创新的主要手段，所以研发制度中要体现创新意识，创新意识会推动研发制度的改进和合理化。企业家对创新的重视程度和创新意愿是高水平投入的重要信号，在资源有限的前提下，创新意识会引导资源向研发活动倾斜。企业文化包含创新意识，是企业文化的灵魂。要企业在面临创新时能够迅速改变观念和重塑组织、流程，需要对企业创新愿景做出清晰的表达。企业必须平时就加强对于创新企业文化的宣讲和解读，才能使全体员工对组织目标达成高度共识并忠诚与组织的创新目标。

(二) 研发资源

研发资源的概念较为广泛，研发人力资源、产业基础、实验设备（装备水平）、资金、知识储备等能为研发提供便利条件的都是研发资源。创新型企业的研发活动是建立在有限资源基础上的，创新型企业首先要确认自身的研发资源，并对这些现有资源进行维护和挖掘，使其价值最大化，支持企业研发。研发本身是创新最关键的环节，是一项创造性活动，因其在创新型企业中的战略地位，企业集中各类资源支撑研发活动是很有必要的。良好的研发资源保障了创新型企业的持续创新能力，没有研发资产做基础，研发活动就成了无源之水。研发资源使得研发目标具有实现的可能性，企业有能力获取和整合研发资源，才能为研发提供必需的人力资源和资金、硬件等条件，研发成果最终才会实现。

在企业的研发资源中，能为企业带来长期竞争优势的是独特的、难以转移的、难以模仿的关键资源（Barney，1986）。Barney 认为，可以用三个标准来评

创新型企业研发支撑体系研究

判关键资源：一是有价值，某种资源能够给企业研发提供便利，使得企业容易获得研发成果，这种研发成果能够给企业创造市场价值和竞争优势；二是稀缺性，稀缺性是指获得研发资源的局限性，即有价值的研发资源供给上是相对不足的，真正能给企业带来竞争优势的资源，必定是不可多得的；三是难以模仿和难以转移，有价值和稀缺的研发资源为企业带来了竞争优势和高额回报。资本的天性就是追逐利润，其他企业必定要大力投入来模仿或替代这种稀缺资源[1]。关键资源是难以模仿的，而且即使采取技术输出和转让等手段，获得关键资源的企业也很难在短时间内有效利用这种资源。研究表明，以核心技术为主体的知识储备是研发关键资源最重要的表现形式，知识储备和人力资源的适配也是非常关键的。

市场和企业对研发的需求与企业研发资源之间永远存在矛盾，企业要以有限的资源满足不断变化的市场需求，以及企业对降低成本、提高效率的要求。研发要调和这种对立，所以，既有的研发资源以及可能获取新的研发资源在一定程度上决定了研发支撑模式和研发路径。从企业发展模式来看，创新型企业发展是基于自身的资源的内生式的发展。研发资源就是创新型企业发展的基础和推动力，创新型企业做好自身资源的配置和组织建设才能实现创新。当然，就目前的全球研发网络化的形式而言，企业还有具备融入全球研发联盟，以获取外界资源弥补自身资源不足的能力，企业在创新资源整合方面也要有所创新。总之，创新型的研发资源配置能力将关系到创新型企业能否实现研发目标和持续创新。

（三）研发能力

企业的研发能力是企业在技术上满足市场需求，创造出顾客的使用价值的能力，包括对新产品的研究开发，以及开发新工艺、新流程等，相当于应用基础研究和共性技术的开发。企业的创新战略很大程度上取决于其研发能力，企业所采用的研发支撑体系也能反映研发能力。企业选择创新战略和企业整体战略要以现有的研发能力为基础，创新战略不能与现有技术能力脱节，否则反而会产生排异反应。企业研发支撑体系也要与企业现有和规划内的研发能力匹配，支撑体系要确保企业研发能力不会受到限制，同时也给研发能力提升创造良好条件。

研发能力主要表现为知识储备，附着在研发人员和设备上的隐性知识以及知

---

[1] Jay B. Barney, Strategic Factor Markets: Expectation, Luck, and Business Strategy Management Science, Vol 32. No. 10, 1986, p. 1231.

第三章 创新型企业研发支撑体系的模式选择

识获取的能力。魏江等（2002）认为，企业的研发能力由研发人员能力、获取信息的能力、设备先进性和组织能力构成。拥有研发能力就是掌握了对问题进行分析、判断、解决、预测的方法。创新型企业的研发能力表现为从外部环境获取一定资源和信息，结合内部的资源和知识，创造出新的技术和知识，同时将研发成果商业化，推向市场并将知识和技术留存和保护起来，形成知识储备[①]。

企业研发能力可以分为四个层次。首先，获知既存的技术的能力，这是对知识点的一般的、孤立的了解。创新型企业在创造新知识和技术之前，应该对本行业以及与战略规划可能相关的技术有一个全面的了解。这个过程不要求企业研发人员和高管层对所有涉及的技术都有深入研究，但是可以帮助企业大体确定研发方向和研发模式。比如确定今后的研发是自主研发、合作研发还是跟随研发等。当企业发现自己对于行业的技术掌握得越多越深入，那么就越可能选择自主研发，否则会倾向于采用模仿的方式。其次，熟悉关键技术。企业要做出决定今后研发成败的关键技术，然后通过自主研发或外部引进等方式，熟练掌握关键技术。因为一般技术可以外包，但关键技术如果不掌握在自己手中，就不算是创新型企业了。即使是从外部引进的技术，也要通过消化、吸收、学习，将其融入到企业的运营中去，并且在吸收的基础上进一步改良，使其适应本企业的其他条件，争取有所突破。再次，研发战略规划能力。创新型企业将研发提升到企业战略的层级，足以见对研发的重视。如何将研发与企业战略有机结合，使得研发有助于战略目标实现，战略目标成为研发活动的有效激励，两者相辅相成，足以体现战略层面的研发规划能力。在前面了解行业技术水平和熟悉关键技术的基础上，企业高管层和研发管理者要集体决策，并结合研发支撑部门的建议，制定研发规划。可见研发战略规划能力并不只是研发部门的能力，更是体现了整个企业对技术发展的敏感以及对研发本质的理解。最后，研发协调能力。研发不是研发部门一个单位的事情，除了上述研发战略规划涉及高管层之外，研发实施过程中，需要各部门的协作。无论是市场部门、财务部门、人力资源部门、采购部门，还是生产部门，都对研发活动产生影响。在矩阵式和项目式研发组织中，研发团队本身就需要从其他职能部门抽调人员，共同工作。所以，研发实施过程中的协调能力至关重要。

---

① 魏江、叶波：《企业集群中的技术学习分工和知识流动》，《科学学与科学技术管理》2002年第9期。

(四) 创新文化

外部的企业社会文化和亚文化会影响创新型企业的创新行为。除了核心的社会价值观念之外，道德准则、审美、风险意识等都影响着企业研发活动。比如价值观念会影响企业对于自主创新还是模仿创新的选择，道德准则是除了法律约束之外，对于企业知识产权保护意识的最大影响因素。另外，风险意识会决定企业家和研发人员对研发风险的态度，以及研发投入的力度。回到企业内部，每个创新型企业都有自己的企业文化，企业文化具有很强的积累性和独特性，一般来说，积极进取、宽容对待研发失败的企业文化是有利于研发活动开展的。研发支撑体系的模式也会受到创新文化的影响，注重保护研发的企业边界还是更乐于加入研发联盟，热衷于研发的高投入还是追求短期利益会对应不同的研发支撑体系的模式。

第三节 创新型企业研发支撑体系作用机理

一、创新型企业研发支撑体系模式选择

内外部环境的共同作用决定了创新型企业对于研发支撑体系的选择，并最终影响企业的创新战略和绩效，以及影响企业采取跟随模仿，还是进行突破式创新的方式，如图3-4所示。

企业并非孤立生存的主体，创新型企业的研发支撑体系模式也受到外部环境的影响，外部环境是创新型企业研发路径形成的外部驱动力。无论是政策环境，还是技术环境、行业环境和需求环境，都会影响创新型企业对研发方向的判断和对研发支撑模式的选择。政府对企业创新的鼓励、法律对知识产权的保护、行业竞争激烈、技术发展日新月异以及市场需求多变都会导致企业选择比较积极的研发模式，研发支撑模式也偏向积极，愿意承担风险。在相反的环境下，企业就趋于保守，对风险比较敏感，极力规避。

第三章 创新型企业研发支撑体系的模式选择

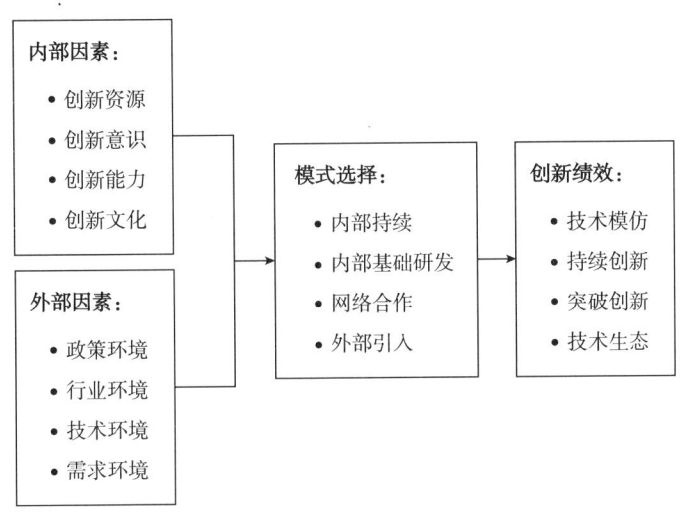

图 3-4 创新型企业研发支撑模式选择与创新绩效

内部环境对于研发支撑模式的作用更为明显。研发作为一项风险大、花费多的活动，是在企业的强烈创新意识的诱发和推动下才会积极开展的。创新意识体现在企业文化和企业战略中，当企业自上而下都具有了创新意识时，必然会产生创新战略，并将研发纳入战略中来。有了强烈的创新意识，企业才能高屋建瓴，认识产业发展趋势，识别机会和威胁，选择研发支撑模式。创新意识指导研发技术路线的选择、研发关键点的确定、研发的资源组织和部署等。可以说，创新意识贯穿研发活动的每一步，发挥着指导作用。研发工作是极其复杂、风险极大的，研发过程中如何鼓舞士气，提高员工积极性，也需要创新意识发挥调节作用。在技术上取得成功的创新型企业，都是在极强的创新意识推动下选择了特殊的发展方向和轨迹。

企业研发资源可能来自企业内部和外部，内源化研发资源主要由企业自身资源、战略管理、企业制度等要素决定。外源化研发资源主要由企业外部因素如技术发展水平、社会研发机构、政府政策支持和法律保护、科技基础设施、国家和区域创新规划、市场需求等决定。研发资源从各种角度支撑研发活动，不同的研发资源对研发行为的支持方式存在差异。企业自有和能够获得的研发资源的差异性导致创新型企业研发路径的差异。这些差异体现在资源的数量、质量及其组合方式的不同，它们导致不同路径又会产生不同的结果。不同的资源投入到不同的企业中去，和创新型企业的研发惯例、研发方向、研发流程相互作用，最终呈现出不同的研发成果和创新绩效。

研发能力对创新绩效的影响显而易见。企业的研发能力和研发管理能力在所有的影响因素中是最重要的。研发能力决定了企业内部研发的深度和广度，同时体现了企业研发组织结构的有效性和信息交流的充分性。所谓一个创新型企业的研发能力，是一个企业比其他企业在研发方面做得更好的特殊技能和积累性的知识，尤其是关于如何整合研发资源和有机结合多个支撑部门的信息。研发能力在本质上是企业知识存量的总和，而知识是创新型企业取得竞争优势和获取经济效益的核心资源。企业的研发能力在于利用已有的知识和资源产生新的知识。研发能力越强，表现为其获取新知识的能力就越强。研发并不一定是自主研发出全新的知识，取得突破性甚至破坏性创新成果。引进吸收能力同样是研发能力，吸收能力表现为有效引进、消化、掌控引入知识，提高现有技术从而创造出新的技术和知识。吸收能力可以很好地利用企业外界的公共知识和其他企业的溢出知识。企业研发能力和研发资源一起决定企业创新绩效，但是研发资源是企业创新绩效的显性决定因素，而研发能力是隐性决定因素。企业研发能力持续不断地改进已有的技术和知识存量，这样新产生的研发资源就成为了创新成果。新的研发资源又为企业进一步研发提供了帮助。

最后，创新文化是所有企业实施创新的内在驱动力。对于创新文化而言，企业需要有持续改变的意愿，容忍创新风险，并着眼于未来的发展。许多公司在实施突破性创新商业化的过程中举步维艰，这主要因为突破性创新将首先破坏企业现有的产品组合的竞争力和利润。为了克服这种困难，可以采用三种措施以改变，即对组织内部的创新冠军进行授权、培育内部市场以及提供正确的激励和引导。

二、创新型企业研发支撑体系作用机理的生态系统学解释

利用生态系统学理论可以更好地解释研发支撑体系的作用机理。用外部生态环境和营养子系统对应研发支撑体系模式选择的外部影响因素，其中外部影响因素中的政策因素和技术因素可以看作外部生态环境。而行业因素和需求因素这两个距离企业较近的外部微观因素可以看作生态系统的营养子系统。用核心子系统

第三章 创新型企业研发支撑体系的模式选择

对应内部影响因素,用基因对应企业研发惯例,用进化对应渐进式研发,用突变对应突破式研发。

外部生态环境决定了企业研发的大方向。技术发展趋势是大多数企业研发都要遵循的方向性指引。而外界能够给企业研发提供的现实的知识资源和人力资源,也是企业研发所不能逾越的限制性条件。政策环境对企业研发的影响十分明显,与企业研发有关的政策包括补贴、税收优惠、知识产权保护等。对于某些行业来说,政府政策会直接影响到企业研发投入、企业研发的积极性和企业研发路径。营养子系统是系统技术创新活动的支持者,为系统各成员的研发活动提供营养。企业创新的营养子系统包括行业环境和需求环境。外界环境向创新系统输入必要的资金、知识、自然资源、人力资源以及法规政策,创新系统向外部输出新的产品、新的知识,物质、能量和信息在创新系统内外有序地交换。所以成功的企业往往是在现实的生态环境下,有机地整合和利用内外部环境提供的资源,趋利避害,找到适宜的研发方向。

内部影响因素的创新资源、创新意识、创新文化和创新能力形成了企业创新生态系统的核心子系统,核心子系统直接作用于研发部门和研发活动,对研发产生的约束或支撑。系统外部环境、营业子系统和核心子系统共同作用于企业的研发活动,决定了研发路径和研发惯例。可以用基因对应企业研发惯例和路径,一般企业一旦形成可靠的研发惯例,就很容易形成研发路径依赖。路径依赖原本就是用来描述生物学的一种正反馈现象的,当系统采纳某种路径后,事物就会沿着这条路径演化下去,即使已经出现了更优的选择,这种演化的模式也很难被替代。这就像生物的基因一样,通过复制,不断将信息传递下去。企业的这种"研发基因"固然会传承研发管理和知识管理中的有效管理机制和有益的创新文化,但是当企业内外部环境出现变革的要求时,研发路径依赖就可能成为研发的桎梏。当然,"研发基因"也在不断演进,这种演进可能是渐进式的,也可能是突破式的。可以用生态学中的进化对应渐进式研发,用突变对应突破式研发。

从生态系统学的视角观察企业研发支撑体系模式的选择,可以用图3-5表示。

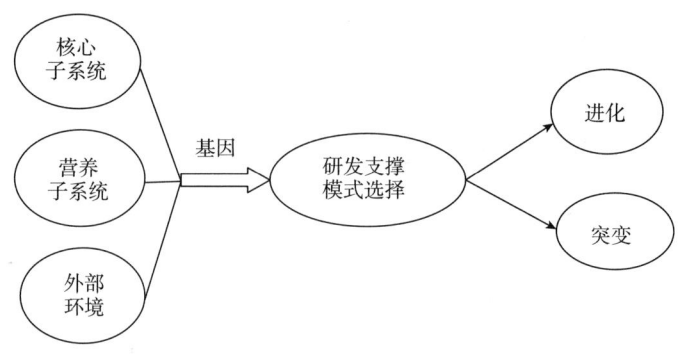

图 3-5 创新型企业研发支撑模式选择的生态学解释

第四节 创新型跨国公司的全球研发支撑体系模式研究

创新型跨国公司因其巨大的规模和研发实力，是创新型企业中的最高形式，其研发支撑体系也是最为复杂的。研究和借鉴跨国公司的全球研发支撑体系模式可以帮助其他类型的创新型企业选择更适合和高效的模式。

随着经济全球化进程的加速和国际竞争的日趋白热化，创新型的跨国企业不断出现，并成为一种趋势。因其实力雄厚，并具有创新意识，跨国公司在国际范围的科学技术研究开发中扮演着领导者和先驱者的角色。在这一大背景下，创新型跨国公司的研发活动越来越呈现出全球化发展趋势，研发支撑体系也正在由过去的集中研发实验室模式向全球化的网络模式转变。

跨国公司研发全球化建立在跨国公司生产全球化的基础上，一方面是适应世界市场的复杂性、产品的多样性和消费者偏好的差异性，为满足海外市场需求在东道国设立研发单位，或为满足海外制造基地的研发需要设立研发单位，从事技术转移、工艺创新；另一方面是为了充分利用世界各国现有的科技资源，降低新产品研发过程中的成本和风险，提高研究开发效率，提高学习能力，有效地缩短产品的市场化时间，谋求产品价值链各环节的总体收益最大化，进而在海外设置

第三章 创新型企业研发支撑体系的模式选择

技术研发相关的单位或将研发活动移转至海外更具有效率的地点进行。创新型跨国公司的研发全球化战略动机主要体现为市场需求、生产支持、寻求资源、获取技术、利用政府优惠政策和全球一体化运营六个方面①。

一、创新型跨国公司全球研发支撑体系的主要模式

研发支撑体系模式直接关系到创新型跨国公司研发活动的效率和效果,其重要性日益凸显,因此创新型跨国公司不断调整研发支撑体系模式,寻求最优和最适宜的研发支撑体系。进一步来看,创新型跨国公司研发支撑体系建设的关键是如何处理母国研发机构与东道国研发机构之间的分工与合作。按照 Gassmann 和 Maximilian(1999)对跨国公司研发全球化组织方式的分类,创新型跨国公司全球研发支撑体系的模式可相应地分为五类:母国集中型(Enthnocentric Centralized)、地理集中型(Geocentric Centralized)、多中心分散型(Polycentric Decentralized)、轴心混合型(Hub Model)、整合网络型(Integrated R&D Network)。

(一)母国集中型

母国集中型模式是创新型跨国公司在国际化经营早期,为了保证企业的持续竞争力和防止核心技术、关键技术的转移或泄密而经常采取的研发组织模式,是以国内研究和国内开发为特征的初级形态组织。在这一模式中,创新型跨国公司的母国总公司比国外子公司或分公司在相关技术上更具优势,因此将其全部研发活动都集中在母国国内,国外子公司或分公司主要从事生产和营销工作。

从研发支撑体系的构成要素来看,在空间组织方面,母国集中型模式使创新型跨国公司的研发活动在地理上具有内向趋向,即设立在母国总部的研发中心在地理上是点状的,各自独立地分布,几乎没有与外界的空间关联和信息交流。母国基地集中研发中心在地理上的孤立和组织结构上的独立,限制了研发与全球市场和生产制造单位的研发交流与合作,可以将这种研发组织形式比喻成跨国公司全球体系中的一座孤岛。也就是说,这一模式使创新型跨国公司的研发全球空间组织成为孤岛中心型空间组织。在决策方面,国外的子公司和分公司没有技术开发和产品开发的职能和权利,研发决策均由创新型跨国公司的母国总公司做出。

---

① 祝影、路光耀:《跨国公司研发全球化的国别类型研究》,《科技管理研究》2015年第21期。

在资源配置方面,研发资源均配置于母国总公司,国外子公司和分公司没有安排研发资源,且资源整合模式以内部整合和垂直整合为主,以挖掘研发潜力,提高研发效率,同时弥补研发对海外生产和营销支持不足的缺陷。在知识管理方面,母国基地与边缘地点之间存在着不对称的信息结构和决策结构,核心技术知识均存在于母国总部,不会向国外子公司或分公司流动。在规范管理方面,各项技术管理规范均由母国总部制定,国外子公司或分公司只能按照母公司的技术进行标准化生产。母国集中型模式的结构如图3-6所示。

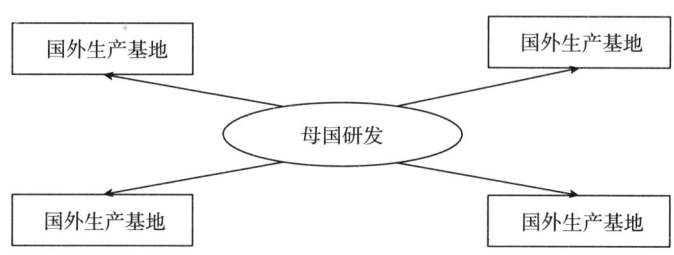

图3-6 母国集中型模式的结构

母国集中型模式的优点是母国对研发项目具有很强的协调和控制力,有利于保护核心技术,能够发挥研发规模化和专业化优势,研发效率高、成本低、创新周期短。缺点是由于缺乏与全球的交流沟通,这种隔阂一旦形式,即便研发中心接收到来自海外市场的信号,也会反应迟钝,失去良机。同时母国研发中心过于故步自封,对来自国外的技术缺乏敏感性,可能忽略某些重要的技术发展趋势,最终导致创新缺失综合征。这种封闭还会影响到研发组织结构,缺乏开放性的思维会使组织结构僵化,难以有效整合研发资源。母国集中型模式比较适合技术变化不快的产业、规模较小的创新型跨国公司,以及产品标准化、各国市场需求差异不大的创新型跨国公司。

(二)地理集中型

地理集中型模式是创新型跨国公司为了兼顾国际化的市场需求,在母国集中型研发的基础上向外扩展研发活动而形成的研发组织模式,是以分散研究、国内开发为特征的技术驱动型组织。在这一模式中,研发活动仍主要集中在母国国内,但由于创新型跨国公司对海外市场和当地研发能力的依赖性加大,一方面需

第三章 创新型企业研发支撑体系的模式选择

要在母国招聘具有研发工作经验的外国技术人员,以增强公司研发的全球意识;另一方面需要派遣研发人员到海外去参与研发合作,与当地生产商、供应商和客户加强交流。

从研发支撑体系的构成要素来看,地理集中型模式在空间组织方面,虽然仍在国内集中研发,但地理的外向性趋势已经出现,打破了孤岛式的绝对集中研发地域格局,开始建立同国外市场和制造基地的联系。地理点状集中的实体特征仍然存在,但是信息流、人力资源等的交汇和集聚突破了孤岛式的地域界限。也就是说,这一模式使创新型跨国公司的研发全球空间组织成为开放中心型空间组织。在决策方面,虽然所有的研发决策仍然由母国总部做出,但研发人员的国际化流动、技术情报的全球汇集、市场信息的及时反馈对总部的研发决策具有一定程度的影响。在资源配置方面,尽管大部分的研发资源依然配置在母国总部,但公司已经着手通过多元化和多国籍的研发人员队伍来克服国内基地中民族中心主义的倾向,并派遣研发人员到海外合作。国外研发资源整合模式以外部整合和垂直整合为主,一方面将特定市场的信息资源和外部人力资源整合到母国,为公司研发创造有利条件;另一方面将资源筹供、研发、生产和售后服务等各种活动纵向整合为一个有机的整体。在知识管理方面,母国总部与国外子公司或分公司保持及时的信息沟通,不限制技术知识的流动。在规范管理方面,母国的研究开发总部与国外子公司或分公司保持密切联系,尽管各项技术规范仍然由总部制定,但当地制造商、供应商和主要顾客的信息反馈对总部的规范制定具有重要影响。地理集中型模式的结构如图3-7所示。

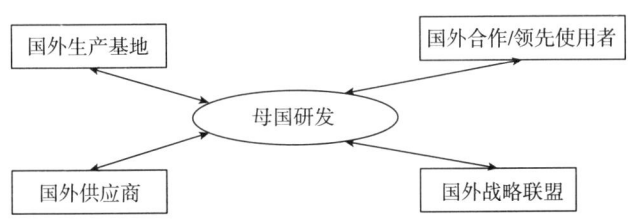

图3-7 地理集中型模式的结构

地理集中型模式的优点是研究开发的地理中心与外向性相结合,既保留了中心化的效率,又能增强对国际市场和技术走向的敏感度,研究开发国际化的成本较低，是一个既能兼顾国际化需要又不放弃集中进行研发优势的简单方法。缺点是可能忽视系统的国际化，对产品的当地化考虑得不够，难以对东道国的市场变化做出快速反应。

（三）多中心分散型

对应创新型跨国公司的"本土化"跨国经营战略，多中心分散型模式是根据国际市场的需要将研发职能分散到多个地方中心，每个地方中心负责当地的研发活动，并对当地的管理层负责的研发组织模式，是以国内研究、分散开发为特征的市场驱动型组织。在这一模式中，创新型跨国公司在东道国的分支机构中淡化母国特征，在东道国设立海外研发中心，为当地市场服务，提高对当地市场的敏感度，了解和适应当地环境。这是一种面向区域市场的做法，这种模式下的研发注重产品本土化程度甚于产品标准化。

从研发支撑体系的构成要素来看，在空间组织方面，多中心分散型模式在空间分布上具有多个中心，各中心是平行关系，而非从属于母国母公司的研发中心。所以各中心结成松散、独立的联盟，在必要时进行信息、人力资源、知识的交换和沟通。从地理特征上看，多种中心分散型模式的特征为空间分布的分散性，在母国基地之外有多个平等中心呈现多点状分布，各中心是自成体系的研发主体。也就是说，这一模式使创新型跨国公司的研发全球空间组织成为多中心分散化空间组织。在决策方面，由于各个研发中心均进行当地化的内部运作，具有高度自主的权利，因此各研发中心自主做出研发决策，母国公司研发中心对于国外研发中心的决策没有干预权。在资源配置方面，母国基地研发中心和国外研发中心均配有研发资源，其配置数量由当地的管理层决定。国外资源整合模式采取以外部整合为主、内部整合为辅的模式，一方面加强与当地市场信息、人力资源和用户群等的外部整合，更好地发挥这种结构类型的区位优势；另一方面国外研发中心间、国外研发中心与母国基地研发中心间进行必要的协调，减少公司内的重复研发活动。在知识管理方面，国外研发中心之间缺乏信息交换和知识共享，同母国基地之间的信息流动和知识共享也非常有限。在规范管理方面，母国基地研发中心和国外研发中心分别确定和执行各自的技术管理规范。多中心分散型模式的结构如图3-8所示。

图 3-8 多中心分散型模式的结构

多中心分散型模式的优点是充分考虑了国外研发机构的独立性和利益。国外研发机构与当地市场联系紧密，对当地市场敏感，能较好地适应当地市场环境，同时有助于充分利用当地的各种资源。缺点是忽略了跨国协调和研发活动的系统性，容易引发研发活动的重复和低效，难以从整体上保持技术的一致。此外，还比较容易造成管理上的混乱。

（四）轴心混合型

轴心混合型模式是创新型跨国公司在综合吸收地理中心型和多中心分散型的优点基础上形成的一种新型研发组织模式，是以国内研究、分散开发为特征的市场驱动型研发组织。在这一模式中，母国基地研发中心作为创新型跨国公司研发工作的轴心，是各种研发活动的主要研发实验基地，主要从事突破性、破坏性技术的研发。国外研发中心主要从事渐进式创新，开展实现规定的研发活动，母国基地研发中心对分布在全球的各研发中心进行控制和协调。轴心混合型模式的结构如图 3-9 所示。

图 3-9 轴心混合型模式的结构

从研发支撑体系的构成要素来看，在空间组织方面，轴心混合型模式在地理上控制中心的母国国内导向和分散中心的全球导向兼而有之，集聚与扩散并存，呈现了中心—边缘的空间类型，其结构特征是点轴结构、节点层级。母国的研发中心占有明显的主导地位，负责突破性创新，所以其在技术和研发能力、人力资源配置上具有领先优势。母国主研发中心会与各地的次级中心进行密集的信息交流，将研发成果向各地扩散，从而实现全球研发一体化。也就是说，这一模式使创新型跨国公司的研发全球空间组织成为中心—边缘型空间组织。在决策方面，长期研发项目的决策由母国基地研发中心做出，而国外各研发中心则在母国基地研发中心的指导下对跟踪特定技术领域做出决定，并配合母国基地研发中心具体执行相应的研发项目，由母国基地研发中心进行严格控制和统一协调。在资源配置方面，母国基地研发中心一般会综合分析国外各研发中心的职能和比较优势，在资金、技术和人力资源方面进行合理配置。在知识管理方面，母国基地研发中心与国外各研发中心之间的信息交流和知识共享程度较高，但国外各研发中心之间的横向联系和知识共享较少。在规范管理方面，母国基地研发中心负责制定总体的技术管理规范，而国外各研发中心则可在总体技术管理规范之下，制定自身所跟踪的特定技术领域的管理规范。

轴心混合型模式的优点是有利于保持母国总部对全球研发活动的适当集中和控制，集合资源和信息，避免重复研发，提高研发效率，利用全球发布的优势打造发展合力。缺点在于母国基地研发中心的主导地位可能压制国外研发中心研发的积极性，影响其对技术发展趋势的敏感性，造成研发的效率低下和缺乏灵活性。另外，这种模式协调成本较高，将很多时间和精力花费在信息交流方面。

(五) 整合网络型

整合网络型模式是创新型跨国公司在网络经济迅猛发展的背景下，运用信息技术对分散在全球的研发组织进行结构再造，形成网络化的研发组织模式。这种模式的特征是全球范围分散研究、分散开发，也是目前最高级别的跨国研发组织模式。在这一模式中，母国基地研发中心不再是集中控制的主中心，只是众多中心中的一个，不再对所有研发活动进行控制，与国外研发中心享有同等的权利和义务，并与它们相互依赖，分工合作，建立各种协调机制，通过各种渠道进行信息沟通和资源调配，形成全球协同、灵活高效的系统化网络结构（如图3-10所示）。

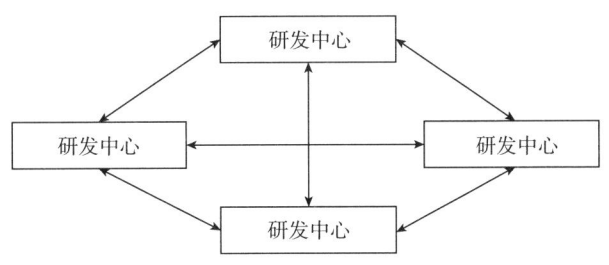

图3-10 整合网络型模式的结构

从研发支撑体系的构成要素来看，在空间组织方面，整合网络型模式存在三个层面的网络：一是创新型跨国公司内部各研发机构内部网络。二是创新型跨国公司研发机构相互之间合作网络，在信息技术和交通发达的现代，这种网络很容易就跨越了地理边界的限制。三是不同跨国公司的各级各地研发机构在全球形成的网状叠加，从而形成不同区域上不同程度的研发集群。这些集群成为全球研发格局中的地理重心和中心，如硅谷等。最后一种也是最大的网络，可能由正式的契约结成正式研发联盟，也可能由非正式的交流形式在不同国家不同公司之间架构起研发网络。也就是说，这一模式使创新型跨国公司的研发全球空间组织成为网络协同型空间组织。在决策方面，母国基地研发中心和国外各研发中心均独立做出研发决策，但相互之间有决策信息的互通和密切沟通，避免研发项目的重复。在资源配置方面，母国基地研发中心的资源由创新型跨国公司总部根据需要进行配置，国外各研发中心的资源则由其所从属的国外分子公司或自身根据需要进行配置。资源整合则采取全面整合模式，一方面将外部整合和垂直整合结合起来，把从目标市场学习到的与研发有关的需求信息和知识全部纳入公司的研发过程；另一方面推进不同研发职能单位间进行有效的内部和水平整合，通过内部学习和相互联系实现研发的协同效应。在知识管理方面，母国基地研发中心与国外研发中心、国外各研发中心之间以及各研发中心与外部机构的信息交流十分频繁，知识共享程度非常高。在规范管理方面，母国基地研发中心和国外各研发中心分别制定各自的技术管理规范，但相互之间在技术管理规范上有充分的沟通交流和协调。

整合网络型模式的优点是有利于发挥区域优势，加强全球分工合作，在全球范围提高研发效率。同时能够促进各研发中心之间始终保持灵活联系，避免重复劳动。这一模式成功的前提是有很好的信息基础设施作支撑。由于网络整合型研发模式的明显优越性，很多创新型跨国公司都开始采用这种模式，并迅速成为当今创新型跨国公司研发组织的主流。

二、创新型跨国公司全球研发支撑体系模式的演进

创新型跨国公司全球研发支撑体系的模式随着时代变迁和外部环境的变化逐渐演化为稳定成熟的最佳形态，并一般遵循母国集中型—地理集中型—多中心分散型—轴心混合型—整合网络型的路径演进（见图3-11），但对于某个特定公司而言，也可跨越某个阶段实现跨越式发展。

由图3-11可知，创新型跨国公司研发最初的组织形态一般是母国集中型模式，但是随着跨国公司全球化的发展，外国市场在公司中的重要性逐渐加强，甚至可能出现营业额、利润额超过母国市场的情况。而母国集中型研发缺乏对东道国市场的考虑，对当地技术趋势也缺乏敏感性，这种研发缺失与当地市场的重要性无法匹配，地理集中型模式代替母国集中型研发模式就成为必然。由于集中研发始终无法充分考虑当地市场需求和当地技术环境，成为创新型跨国公司全球化进程的阻碍。于是，多中心分散型模式又取代了地理集中型模式。虽然多中心分散式研发组织能够立足当地，服务于当地市场，在全球布局中保持独立性，却不利于跨国协调，忽略了研发国际化的系统性，容易导致研发活动的重复和低效。各自分散的研发模式使跨国公司在技术上无法保持一致，跨国公司的整合优势没有得到有效发挥。因此，跨国公司又对多中心的分散研发采取了适当的集中和控制，形成轴心混合型模式[①]。

但轴心混合型模式所出现的协调成本大，抑制国外研发机构创造性、积极性

---

① 祝影、路光耀：《跨国公司研发全球化的国别类型研究》，《科技管理研究》2015年第21期。

第三章 创新型企业研发支撑体系的模式选择

和灵活性问题,使这一模式无法适应网络经济发展大趋势和研发资源全球化布局趋势的需要。于是,可以克服这些缺点和适应新形势的整合网络型模式应运而生,成为最优化、最灵活、最高效的组织系统并得到发展。

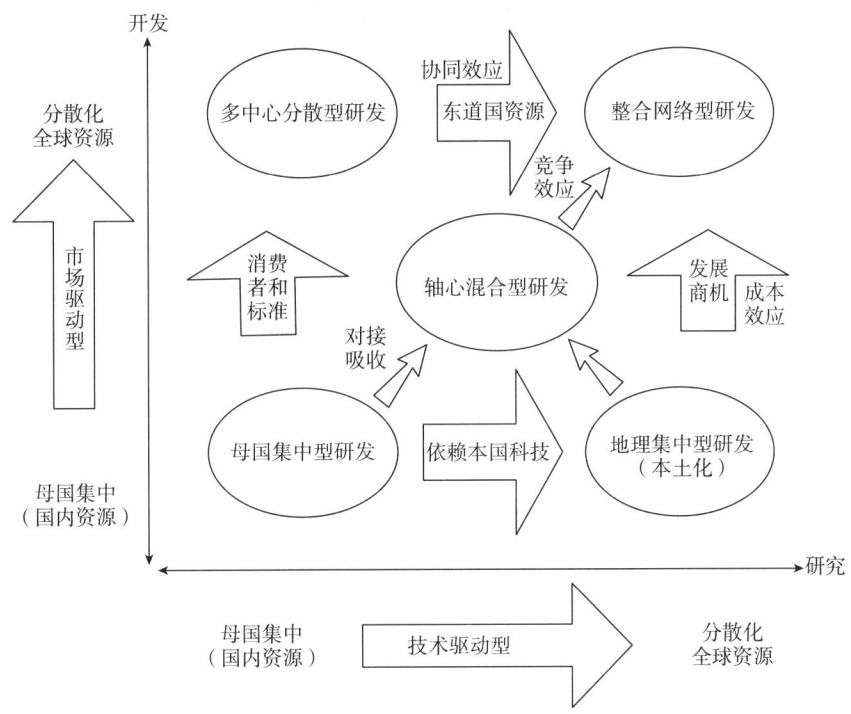

图 3-11 基于组织方式的创新型跨国公司全球研发支撑体系模式演变

资料来源:屈韬:《研发国际化战略对跨国公司自组织及空间组织模式的影响》,《国际贸易》2009 年第 6 期。

更进一步来看,创新型跨国公司全球研发支撑体系的模式还沿着国内研发(研发活动全部集中在母国)—技术驱动型研发(母国开发、国外研究)—市场驱动型研发(国外开发、母国研究)—全球研发(国外研发)的路径演进,如图 3-12 所示。

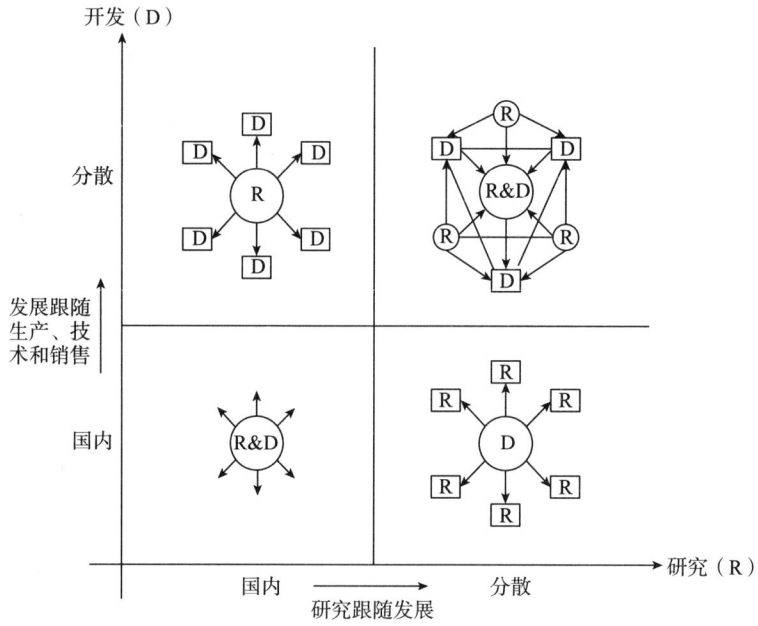

图 3-12　基于研发分工的创新型跨国公司全球研发支撑体系模式演变

资料来源：屈韬：《研发国际化战略对跨国公司自组织及空间组织模式的影响》，《国际贸易》2009 年第 6 期。

第五节　创新型企业研发支撑体系模式选择

一、模式匹配特征

研发支撑体系应该以创新绩效为目标，服务于创新型企业发展。研发支撑体系具有动态性特征，必须与企业资源、环境、意识、能力、文化等相匹配。此外，研发支撑体系还应该具有难以模仿性，支撑体系的形成是以技术路径依赖、资源依赖等特征为基础的。匹配的程度直接关系到研发支撑体系的效率，不能与

第三章 创新型企业研发支撑体系的模式选择

企业资源等要素匹配的研发支撑体系，不但不能给企业带来高效的研发成果，反而会大幅增加企业成本，成为企业的负担。比如，企业研发支撑体系和企业人力资源不匹配，当过于超前的研发支撑体系模式不符合企业既有的人力资本禀赋，同时企业也难以招聘到适合的研发人员，企业研发目标就难以实现。研发管理者的精力过多地消耗在补救这种不匹配造成的差距上，因为不匹配带来的资源配置、内部协调会造成资源和时间的极大浪费。

以集团企业集中研发的中央研究院模式为例，很多国内外大型企业都具有多层次的研发体系，集团总部设立中央研究院，各子公司和事业部以及制造中心设立相应的研发机构和工程技术部门。各层次研发机构之间合理分工、协同合作，同时各层次的研发和技术组织能够有效衔接起来，构成有机的整体。其中，中央研究院在研发水平和研发资源占有方面是最高层次的。这种模式在技术创新方面有独特优势，而且拥有较高的研发效率。但这并不意味着它是唯一正确的研发体系，也不能因此认为它具有普适性。对有些企业而言，它是可资利用的最佳模式，对另一些企业来说，它的优势非但无法施展，甚至会成为创新路上的障碍。企业家应先对自己企业的情况进行分析，千万不可盲目构建。

从产业环境来看，夕阳行业中的企业不太适合建设中央研究院模式。夕阳行业技术发展路线较为稳定，进步的速度也相对缓慢，更多的是工艺创新和产品的外围创新，开展中长期技术研究的资金和时间成本，可能会超过它所带来的收益。

从技术环境来看，企业要具有发展新技术的动力及追求技术领先的创新战略。无论是出于对成为领先者的强烈渴望，还是受市场环境和行业技术条件的驱使，只有对发展未来技术有强烈需求的企业，才适合采用中央研究院模式，而中央研究院模式也是它们的理想选择。

从创新资源来看，企业需要有充足、稳定的资源来支撑基础前瞻性研究。基础前瞻性研究具有高风险性，需要长期持续投入。在很长一段时间里，只有投入而没有产出，最初的成果往往也是微不足道，有时甚至无法预测是否能取得回报。因此，资金实力较弱的企业不适合建立中央研究院，即使勉强去建立了，也难以实现既定目标。

二、模式选择机制

创新型企业研发支撑体系模式选择会受到企业规模和行业地位的影响。成熟的、规模较大的企业是行业中的既得利益者，从投入产出效率的角度来看，它们希望维系现有的格局和运营模式，往往倾向于选择渐进式创新。即使企业中有人提出破坏式创新的构思，在企业内部首先会遇到巨大的阻力，因其风险较大，也会受到来自股东的阻力。但是，现实中，这种规律偶尔也会被打破，比如IBM。IBM作为曾经的硬件和大型机制造商，在行业中的领导地位毋庸置疑，但它能够认清行业和技术的发展趋势，分别成功向IT服务和软件行业转移，并屡屡给行业带来突破式和破坏式创新。

创新型企业研发支撑体系模式的选择首先应考虑结构与创新战略相适应。其次，研发支撑体系应与建立创新企业文化、企业制度创新等方面相辅相成。无论是企业家的创新精神还是其他员工的创新意识，其建立和发展都是需要企业研发实践相配合的。研发成果特别是突破性创新的成果在企业中的运用会推动企业制度创新，可能引起企业组织结构、规范的根本性变革。企业的战略目标结构需要和研发创新高度耦合，企业的组织结构、运营机制、企业文化、管理体制以及它们之间的相互作用又会保障研发活动的开展。创新型企业研发支撑体系模式选择机制如图3-13所示。

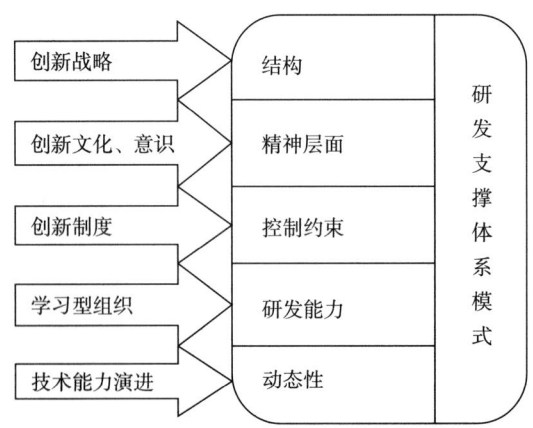

图3-13 创新型企业研发支撑体系模式选择机制

第三章 创新型企业研发支撑体系的模式选择

(一) 支撑模式与创新战略相适应

由于企业面临内外部的复杂环境,企业应该有整体全局的战略规划来应对环境的变化。作为创新型企业的核心能力,研发日益被提升到战略层面,所以研发的支撑模式选择也应该与企业战略相适应。比如,研发组织结构必须围绕其发展战略进行设计。由于传统的研发组织结构大多是简单的科层式结构,在企业中的地位较低,部门间缺乏沟通、缺乏高层的放权和灵活性,这种组织结构难以适应企业内外环境的变化,也难以成为企业的核心竞争力。矩阵式和网络式的组织结构具有较好的灵活性和适应性。矩阵式研发组织结构强调研发部门和研发支撑部门之间的联系和协调,适当放权,可以更好地发挥研发人员和其他支撑部门人员的积极性。矩阵式研发组织结构有利于研发人员在企业内良性流动,在职业发展上有所拓展,使企业的创新知识得到很好的分享。网络式研发组织能够结合企业内外部资源,降低研发风险,使企业极大地延伸了研发领域和边界。

创新模式选择必须考虑组织管理系统的制约因素。对于渐进性创新,企业可以通过现有的管理模式推进,而颠覆性创新则需要建立新的管理系统。新管理系统的建立需要企业在组织文化、领导与治理模式、决策机制、技能与潜能开发、过程与工具以及组织结构等方面进行变革。

(二) 树立相应的创新企业文化意识

一个创新型企业的企业文化是推崇创新、容忍失败的,好的企业文化能够以其解放的思想和宽容的氛围吸引众多研发人才。企业的领导者本身对于创新企业文化具有示范作用,领导者对研发的重视程度,对营造研发环境至关重要。积极进取,追求卓越,探索未知的创新价值观念对研发人员具有很大激励作用。除了领导者率先垂范,企业也应该意识到创新要依靠全体员工的积极参与,营造一个尊重员工创新构思与首创精神、集体决策、开放和宽容的企业文化氛围,以及建立激励创新的长效机制。这种重视创新的文化氛围,有时甚至比稳定的工作和高薪更具吸引力,更有利于企业研发能力的提高。任何企业文化的核心都是价值观念,创新型企业通过树立创新的价值观,设立创新标杆,鼓励员工挑战研发目标。

成功的领导者总是缺乏改变现状的意愿,对企业创新文化的意愿也渐渐故步自封。互联网企业大多都是曾经的创新典范,微软、英特尔等企业引领行业创新并形成了自己的创新文化。英特尔强调执行和实施,微软则有着浓厚的PC情结,而非变化，所以它们错过了"移动互联"革命。对于微软来说，企业固有的思维和文化已经约束了新产品的开发。

（三）建立相应的企业创新制度

尽管创新文化需要形成一种较为宽松的氛围，以鼓励研发人员的冒险和探索，但是控制毕竟是企业管理的重要职能，研发活动也需要通过建立研发制度、办事规程和行为准则约束企业研发人员的行为。这种约束并非对研发人员的束缚，而是将企业文化与价值观念转化为有利于研发的条件、高效的流程和惯例。所以建立企业创新制度时，难度在于在制度约束和创新氛围中取得平衡。例如，采用项目制研发合作机制。在科技成果转移过程中，可以通过跨机构或跨部门的虚拟团队，解决产品研发过程中的应用技术问题。此外，科研人员随着科技成果转移也是一个不错的方式。当研发成果逐渐成熟，进入产品化或满足市场需求的阶段，原有科研人员随着研究成果从研究院流动到业务部门继续跟进，确保科技成果成功产业化。

（四）提高企业的技术创新能力，构建学习型组织

技术和知识环境不断变化，企业面临竞争者的挑战，即使是行业领先企业也随时有被超越的可能。特别是创新型企业本身就是以创新作为核心竞争力，提高企业研发能力，保持持续研发能力是企业的使命。在变化的技术环境中，将企业打造成学习型组织，研发人员和其他支撑体系中的员工共同学习，及时进行知识更新和分享是提高企业创新能力的有效保证。学习型组织的知识传播和分享不是随机的，应该是经常系统地进行的，有制度和文化保证的。要让全体员工建立终身学习概念，意识到不断学习可以帮助企业实现愿景，完成创新战略目标。

学习型组织对于研发活动的支撑还表现为推动组织边界的重新界定，学习本身不一定按照固有的组织形式开展。学习可以是专题性的，或者是在临时项目小组中围绕主题开展的，甚至跨越企业边界。学习建立在企业内部要素与外部环境互动关系的基础上，超越了传统的企业边界和部门边界，信息、资源、构想及能量不受原有边界影响，渗透扩散，更利于企业提高研发能力。此外，知识的特点是永不停止，永远处于进化和演变之中。有效提高企业技术创新能力，不仅要创建学习环境和机制，更要将知识内化，有效传达。隐性知识和显性知识互相作用与更替，实现不断进化发展，支撑研发活动。

第三章 创新型企业研发支撑体系的模式选择

(五) 研发支撑模式选择的动态性

企业创新支撑体系的形成是一个复杂的动态累积过程，具有战略层次的累积跃升特征，创新只有增强企业技术能力并实现共同演进，创新型企业研发支撑体系才能够不断完善。

第六节 本章小结

本章第一节按照创新强度、组织形式和实现方式三个维度，将企业技术创新模式分类。按照创新强度，可以分为渐进式创新和突破式创新；按照组织形式不同可分为独立创新模式、联合创新模式和原始性创新；按照创新实现方式可以分为引进模仿创新和技术集成创新。按照创新类型和创新资源两个维度，可以把创新型企业研发支撑体系划分为四类，即内部持续模式、内部基础研发模式、网络合作模式和外部引入模式，并分析了四类研发支撑体系的概念和特点。从决策机制、资源配置、组织结构、知识管理、规范体系等方面，对四类研发支撑体系呈现出的不同特征进行了比较。

第二节讲述了创新型企业研发支撑体系模式选择的影响因素，包括外部环境和内部影响因素。外部环境是影响企业内在创新动力和研发支撑模式选择的重要因素。本书将创新型企业创新外部影响因素分为政策环境因素、市场环境因素、技术环境因素和市场需求因素四类。内部影响因素分为创新意识、创新资源、创新战略、创新能力和创新文化。

第三节讲述了创新型企业研发支撑体系作用机理，内部因素和外部因素共同决定了研发支撑体系模式的选择，模式又决定了创新绩效。创新绩效用技术模仿、持续创新、突破创新和技术生态来描述。利用生态系统学理论解释了研发支撑体系的作用机理。用外部生态环境和营养子系统对应研发支撑体系模式选择的外部影响因素；用核心子系统对应内部影响因素；用基因对应企业研发惯例；用进化对应渐进式研发；用突变对应突破式研发。通过以上的对应，有利于对企业研发支撑体系形成更为有机和系统的认识。厘清内外部影响因素如何作用于企业研发支撑模式的选择，选定的研发支撑体系模式又如何影响企业的创新绩效。

第四节是创新型跨国公司的全球研发支撑体系模式研究。介绍了创新型跨国公司全球研发支撑体系的主要模式：母国集中型、地理集中型、多中心分散型、轴心混合型和整合网络型。描述了创新型跨国公司全球研发支撑体系模式的演进，指出创新型跨国公司全球研发支撑体系的模式随着时间的推移和环境的变化逐渐演化成为成熟的最佳形态，并一般遵循母国集中型—地理集中型—多中心分散型—轴心混合型—整合网络型的路径演进，但对于某个特定公司而言，也可跨越某个阶段实现跨越式发展。

第五节是创新型企业研发支撑体系模式选择。选择时首先要注意模式匹配特征，本书以中央研究院模式为例，从产业环境、技术环境、创新资源几个角度描述了模式匹配特征。另外，阐述了模式选择机制，包括支撑模式与创新战略相适应；树立相应的创新企业文化意识；建立相应的企业创新制度；提高企业的技术创新能力、构建学习型组织，研发支撑模式选择的动态性。

第四章

创新型企业研发支撑体系的生态结构分析

第一节 创新型企业研发支撑体系的创新生态学分析

创新生态系统论的发展是建立在开放式创新理论的基础上的，相对于一般的创新理论而言，创新生态系统理论更强调创新的系统性、合作性和层次性。创新生态系统理论从仿生学的角度解释了企业创新，这种理论把每个企业都看作一个创新系统，多个企业创新系统可以呈现创新大系统的多样性。小到一个企业创新生态系统，大到国家创新系统，都是宏观范畴的创新生态系统的组成部分。创新生态系统理论中所谓的系统性是将创新当作一项系统工程，需要系统中的主体全面考虑各类要素，基于创新的目标协调各类创新要素。层次性是指每一层次的创新系统的目标、构造和行为都是由其下一层次的创新系统的子目标、子结构和子行为构成的。合作性是指创新生态系统更注重系统内各主体间的协同，而不是单个主体的单独创新。

一、企业内部技术创新生态系统的含义和构成

地球上的生物与自然环境的关系是相互依存、相互制约的，生物通过新陈代

谢持续与环境进行着物质、能量与信息的交换，从而形成自然生态系统。同时在自然生态系统中，各个生物物种之间也相互依存和制约，形成食物链上的竞争与协调，进行物质的循环与再生，在既定的环境内协同进化。从企业微观范围来看，企业的研发部门和团队像自然界的生物一样，与企业中的其他部门和组织发生直接或间接的关系，这些部门和组织构成了研发组织的外部环境。

研发组织与其外部支撑体系通过物质、资金和信息的交换，形成了一个相互作用、相互依赖、协同创新的整体。与自然生态系统一样，研发组织与其支撑体系形成的系统就是企业内部创新生态系统。现有的研究几乎都把创新生态系统界定为创新型企业与其他合作企业、研究机构、高校、服务平台等共同构造的有机整体，而本书主要关注的是企业内部的微观范畴，所以本书使用企业内部创新生态系统的概念以示区别。

企业内部技术创新生态系统是在既定的时间和既定的空间内（企业边界之内），以创新为目的，由企业技术创新复合组织与企业的技术创新支撑组织，通过创新物质、信息和资金的流动交互作用形成的整体系统。企业技术创新复合组织主要是各种形式的企业研发组织。企业的技术创新支撑组织是指企业内围绕研发组织的相关部门，如财务、市场、销售、采购、董事会、高管层、人力资源、工艺与生产、创新委员会等部门或组织。

生态位（Ecological Niche）是指每个物种在种群中或种群在群落中的空间位置及功能关系。研发组织和支撑组织在企业内部技术创新生态系统中的生态位就是各主体在系统中的地位和角色，这种角色和地位是各主体根据自身情况及周围环境来确定的。系统按照各成员生态位和作用的不同，可以分为核心子系统和营养子系统，如图4-1所示。

核心子系统是企业内部技术创新生态系统中活动的主体，它们在系统中从事战略制定、市场需求调研、研发、生产制造、销售、投融资、研发决策、采购、人力资源管理等研发相关工作。核心子系统由董事会/高管层、市场部门、研发部门、生产与工艺部门、销售部门、财务部门、创新委员会、采购部门、人力资源部门等组成，其中研发部门是核心组织，其他部门为其提供研发支撑。

营养子系统是系统技术创新活动的外部支撑，为系统内各主体的研发活动及研发支撑活动提供营养。营养子系统由研发合作企业、经销商、供应商、客户、竞争对手、政府、科研机构、高校、创新服务平台等组成。核心子系统开展研发活动时离不开营养子系统提供的信息、技术、人力资源和资金支持。同样，没有

第四章 创新型企业研发支撑体系的生态结构分析

核心子系统的研发活动，营养子系统也就失去了服务对象，失去了存在的意义。核心子系统与营养子系统之间存在着互利共生、协同进化的关系。

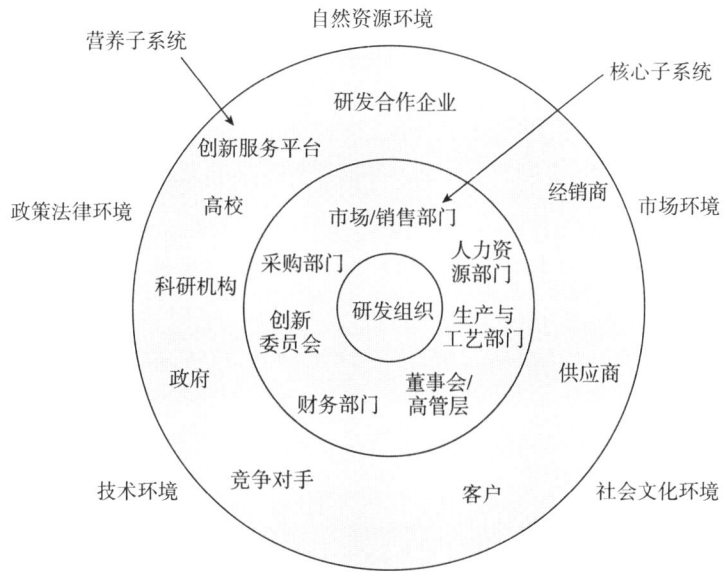

图 4-1 企业内部技术创新生态系统

同时，系统外部环境要素对企业技术创新生态系统存在不可忽视的影响，企业技术创新生态系统的外部环境主要包括市场环境、自然资源环境、社会文化环境、政策法律环境和技术环境等。

二、企业内部创新系统与生态系统的要素对照

企业内部技术创新系统具备很多生态性特征，在构成要素和运行过程方面，企业内部技术创新系统与生态系统都存在很多相似性，在总结前人研究成果的基础上[1][2]，本书制作了企业内部技术创新系统和生态系统构成要素对照表，如表 4-1 所示。

---

[1] 黄鲁成：《基于生态学的技术创新行为研究》，科学出版社 2007 年版。
[2] 王发明、朱美娟：《创新生态系统价值共创行为影响因素分析——基于计划行为理论》《科学学研究》2018 年第 2 期。

表4-1 企业内部技术创新系统和生态系统构成要素对照表

生态学	定义	企业内部技术创新系统	定义
物种	生物个体	企业内部创新组织	研发组织和研发支撑组织
种群	同种生物个体的集合	创新种群	资源与功能相同的创新个体集合
群落	不同生物种群的集合	创新群落	不同职能组织的集合
基因	生物性状遗传的主要物质	研发惯例	研发的决策规则
遗传	复制基因	惯例复制	复制研发惯例
进化	有机体的渐进性发展	渐进式研发	现有技术的渐进、连续创新
突变	超越常规进程的变化	突破式研发	技术上的重大突破
适应	随自然环境变化而变	应变	对创新环境的变化做出响应
协同进化	物种通过互补而共同进化	协同共进	研发要素的协同作用
互利共生	共生单元间的双向利益交流机制	互利共生	研发组织和其他支撑组织间的双向交流机制
生产者	用无机物制造有机物的生物	研发主体	实施技术研发的组织
消费者	消费生产者制造的有机物的生物	研发成果使用者	新技术（产品）的使用者
生境	生态环境	企业创新环境	影响创新研发活动的环境
流动	物种间的联系	流动	研发组织和支撑组织间的联系
生态系统	群落与环境相互作用的系统	企业内部创新系统	创新的系统组织与环境相互作用
食物链（网）	生物按食物关系排列的链状或网状顺序	创新链（网）	创新主体按创新成果传递关系形成的链状或网状结构
生态位	一个种群在生态系统中的位置	创新生态位	研发组织和其他支撑组织的相对地位

（1）物种与企业内部创新组织。物种（Species），是生物分类的基本单元与核心，它们可以繁衍后代，将基因传递下去，并能够产生进化。同一物种具有同样的基因频率并具有区别于其他物种的形态、生理特征。企业内部创新组织从基因层面上看是技术基因的载体，或者是技术基因的显型；在组织层面上是研发组织和研发支撑组织的有机结合体，是企业内部创新生态系统基本的组成单位[①]。它可以是各种形式的研发组织、团队等，也可以是企业中为研发提供支持的职能部门和其他组织，包括市场、财务、生产和工艺、采购部门和创新委员会、董事会等。

---

① 周大铭：《企业技术创新生态系统运行研究》，哈尔滨工程大学博士学位论文，2012年。

第四章 创新型企业研发支撑体系的生态结构分析

（2）种群与创新种群。种群（Population）是指占据了一定空间的同时生活着的相同物种的集群，是物种生存、繁殖、进化的基本单位。创新种群是指在企业边界以内资源与功能相同的创新个体集合，如在实行事业部制的企业，各事业部都有下属的研发部门，企业总部又有执行整合协调职能的研发组织。第三章提到的跨国公司全球研发支撑体系中，在母国和各东道国分别设立的研发机构也构成了研发种群。

（3）群落与创新群落。生物群落是指生活在特定的生物环境内，相互之间具有直接或间接关系的各种生物种群的组合。每个生物群落都有一系列的基本特征，这些特征只有在群落总体水平上才能显示出来。创新群落指的是在特定的创新生境中，各创新群落有规律地组合在一起，它们之间具有直接或间接的复杂关系，并与环境产生相互作用，形成了具有一定结构和功能的创新物种的集合体，如研发组织和企业研发支撑组织间的集合。

（4）生物基因与研发惯例和知识储备。生物基因是遗传的基本单元，是指具有遗传信息的DNA或RNA分子片段。基因通过复制功能把遗传信息传递给下一代，使后代显示出与亲代相似的性状。也可能通过发生突变，改变自身的特性，即DNA分子发生的突然的、可遗传的变异。研发惯例和知识储备类似于一种技术基因，它是研发组织的技术标准、工艺流程和知识等一系列信息的集合。此惯例和知识储备具有和生物基因类似的功能——遗传和复制，研发组织的内在信息在其存在期间可以被复制并传递下去，或者当企业研发组织形式发生变化，信息也能够继续传递。研发惯例和知识储备与生物基因的不同之处在于其受到人为因素的干扰较多，信息在复制的过程中可能会出现丢失或改变。同时研发惯例也会发生突变，随着技术和市场的变化而变化。技术创新的产生实际上就是研发惯例的变异与重组的结果。

（5）遗传与惯例复制。遗传一般是指亲子之间以及子代个体之间性状存在相似性，表明性状可以从亲代传递给子代。企业的研发惯例、知识和路径等也可以像生物遗传一样被复制和传递。

（6）进化与渐进式研发。生物进化是指一切生命形态发生、发展的演变过程。一般用来指事物的逐渐变化、发展，由一种状态过渡到另一种状态的过程。渐进式研发是指沿着主流技术和市场发展惯性持续改进的创新。渐进式创新是基于现有的技术知识和资源能力的改进、累积型的创新，渐进式创新的市场对象是主流市场的用户。

（7）基因突变和突破式研发。基因突变（Gene Mutation）是指基因组 DNA 分子发生的突然的、可遗传的变异现象。通常情况下基因比较稳定，在细胞分裂时精确地复制自己，传递遗传信息。但在一定的条件下，基因也可能突然发生改变，出现了一个新基因，表现出新的性状，这个新的基因叫作突变基因。因为发生突变，后代也就突然地出现前代从未有过的新性状。突破式研发是指沿着主流市场技术创新维度向上延伸，在技术上要克服大的发展障碍，取得较大的技术突破。突破式研发具有跳跃式的特征，也可能在理论和应用上产生新的知识。突破式研发虽然具有跳跃的特征，但还是沿着主流市场的创新路径发展的，呈现间歇跳跃特征。

（8）适应和应变。生物的适应是指当环境改变时，生物机体的细胞、组织或器官通过自身的代谢、功能和结构的相应改变，以避免环境的改变所引起的损伤。研发中的应变是指研发组织对创新环境的变化做出响应。

（9）生物协同进化与研发的协同共进。生物协同进化是指两个相互作用的物种在进化过程中发展的相互适应的共同进化，一个物种由于另一物种影响而发生遗传进化的进化类型。研发的协同共进可以看作研发组织与研发支撑组织之间相互适应、共同发展，同时在发展的过程中相互促进和影响。

（10）生物互利共生和创新互利共生。生物的互利共生是指两种生物生活在一起，彼此有利，两者分开以后双方的生活都要受到很大影响，甚至不能生活而死亡。创新的互利共生是指研发组织和其支撑组织间的双向交流机制，研发与市场、生产、财务、人力资源等部门之间存在协作共生关系。例如，研发需要市场部门提供消费者的需求信息，以便形成研发的概念；市场部门需要研发部门帮助其实现市场需求，研发出新产品。

（11）生产者与研发主体。生物中生产者是能通过化能合成作用把无机物转化为有机物，通过光合作用把太阳能转化为化学能的自养生物。由于其合成功能产生的有机物和储存的能量，不仅可以供给自身使用，也可为其他生物所使用，所以生产者在生态系统中居于最重要的地位。研发主体是能整合各种资源进行技术创新的研发主体的总称。

（12）消费者与研发成果使用者。生物的消费者是食物链中的一个环节，他们不能生产，不具有生产者的合成功能。他们在生存和繁衍的过程中要依靠其他生物提供营养和能量。在创新系统中，研发成果的使用者是引进、应用他人研发成果的主体。

第四章 创新型企业研发支撑体系的生态结构分析

（13）生境与企业创新环境。生境即生态学环境，又称栖息地，是生物物种、种群和群落生存的物质环境，包括必需的生存条件和其他的生态因素。企业创新环境是指创新主体、创新种群和创新群落所处的具体的创新环境，如文化环境、基础设施、政策环境、技术环境、经济环境等。

（14）生物流动和创新流动。生物流动是指生物物种间的各种联系。创新流动是指研发组织和研发支撑组织之间的有机联系。

（15）生态系统和企业内部创新系统。生态系统是指物种、种群和群落与环境相互作用的系统。企业内部创新系统是指创新的系统组织与环境的相互作用。

（16）食物链（网）与创新链（网）。生态系统中被生产者生产出来的化学能，在生态系统中层层传导，使各种生物通过一系列取食和被食关系彼此联系起来。如果各种生物按取食和被食关系排列成链状顺序就形成食物链，如果食物链又被连接在一起，错综复杂，就被称为食物网。创新链（网）是指各创新主体创造出的创新成果通过各类接口，传递到技术创新生态系统中其他的创新主体中去，各创新主体按生产和利用创新成果的关系构成链状或网状结构。

（17）生态位与创新生态位。生态位是一个种群在生态系统中占据的位置，这个位置表现在时间和空间上，以及该种群与相关其他种群之间的功能关系与作用。创新生态位指在企业边界之内，研发组织和其支撑组织或其他创新种群之间的相对位置，还包括研发组织对各类创新资源的利用以及其他创新种群各自之间的关系。

在企业内部技术创新生态系统中，各物种之间同时存在竞争与共生的关系。

（1）竞争关系。两种或两种以上生物相互争夺资源和空间等的过程就是生物学意义上的竞争。在生物群落中，生活在同区域内的种群之间，以及物种和物种之间，相互争夺有限的物质和能量。同时，竞争是市场经济社会的普遍现象，在资源有限的前提下，两个或两个以上的不同利益主体就会产生竞争，通过竞争有限的资源实现了配置。在技术创新的系统中，各创新物种和种群为了争夺有限的创新资源以及创新成果和回报，也会产生竞争。首先，处于同级生态位的组织之间存在竞争关系，比如各事业部的研发组织之间对人力资源的争夺。这种竞争关系不仅促进了研发组织激励机制的发展，人才的流动也促进了企业内部技术创新生态系统的动态演变和进化。其次，系统内成员之间存在利益分配的问题，在资金有限的条件下，研发经费和营销费用之间的权衡是不可避免的。研发部门和市场部门之间都要向高层强调各自的重要性和战略地位，以争取更多的资金支持。

（2）共生关系。企业内各组织间的竞争与合作推动了企业内部技术创新生态系统的形成。在企业内部技术创新生态系统中，相互关联的创新组织集合在一起，以实现优势互补、资源共享。例如，不同事业部的研发组织之间可以进行技术创新合作，可以利用共同的设备、实验室等基础设施。在总部研发部门的协调之下分享共同需要的知识，可以组建各类临时研发团队以充分利用研发人才，可以共同争取研发投入，也可以互为创新成果的生产者和消费者。同样，研发组织和支撑组织之间可以互通信息，在研发概念形成、研发资金管理、研发风险管理和新产品市场化等方面进行合作，从而形成一个良性循环。因此，企业内部技术创新生态系统的成员完全可以因对方的存在而得益，实现互利共生。

三、企业内部技术创新生态系统的特征

通过与自然生态系统的对照，结合创新生态系统理论，得到企业内部技术创新生态系统的如下特征：

（一）动态演化性

企业内部技术创新生态系统的构建并非一次性完成，系统也不会因为一次创新任务的完成而解散。企业研发组织及其支撑组织可以被赋予生态学的意义，它们像生物一样相互之间以及与周边环境发生信息和物质的传递和交换。因此，企业内部技术创新生态系统的行为可以对应成生物学的行为，比如研发和创新成果也有生命周期，经历出生、成长、成熟、新陈代谢、衰老的过程。同样，企业内部技术创新生态系统有进化和基因突变的动态演化的功能。

技术本身就是有生命周期的，当然技术的生命周期不一定和生物的生命周期完全吻合，技术可能会快速成长急速衰老，或者在衰老的轨迹上重新生长。但基本上企业的内部技术创新生态系统的动态演化性是不可否认的。连续动态演化的系统有无穷多个可能状态，所以一个动态的企业内部技术创新生态系统可能出现很多状态。连续状态量的任何一组值都可被看作一个状态，但原则上可以对各种系统状态做出分类（周大铭，2012）[①]。

系统的初态是指一次技术研发活动在其刚开始时的状态。当研发项目最终完

---

① 周大铭：《企业技术创新生态系统运行研究》，哈尔滨工程大学博士学位论文，2012年。

第四章 创新型企业研发支撑体系的生态结构分析

成,创新成果出现,这种状态被称为终态。在研发过程中的某一阶段,研发活动必须借助外力(如知识、信息、资金、人力资源等)才能回归稳态,或者继续推进,这种状态被称为暂态。相反,如果研发过程中,系统状态稳定,没有外力介入就不会变化,则被称为定态[①]。

生态系统总在不停地运动、变化,但对于一个成熟的生态系统来说,只要系统中的运动和变化局限在一定限度之内,就不会给系统的结构和功能造成实质的影响,这就是生态系统的稳定性。显然,创新型企业的创新生态系统在初态和暂态都是不稳定的,需要创新资源和创新行为推进。但是研发组织和支撑体系的关系在研发过程中需要处于稳定状态,能抗拒外界的干扰和克服内部的困难,才能集中力量完成研发任务。

(二)群体竞争性

竞争是一种驱动力,它一直存在于企业内部技术创新生态系统的发展和演化过程中。虽然明确的分工使研发组织和其支撑组织有各自的活动领域,但是,各部门对企业内部环境和条件的适应程度和利用程度不同,在企业战略布局中的地位各异,获取资金、物质资源和人力资源的能力也存在着差异。所以,企业内部技术创新生态系统的各物种组织之间必然存在着竞争。

(三)协同演化性

协同演化在生物学中是指一个物种的生物学性质变化引起另一物种生物学性质的变化,当然两个物种可以相互引起对方的变化,两个物种相互影响和相互适应、共同演化。物种的演化过程是在环境选择的压力下进行的,一个物种的演化对另一个物种施加天择压力,影响后者的演化过程,从而后一物种随之发生变化,这个变化继续传递,向其他物种施加压力,又引起其他物种的变化。

同样地,企业内部创新系统内不同区域和事业部的研发组织之间、研发组织与支撑组织之间、各组织与环境要素之间也存在协同演化的作用。研发组织的变化会影响其他组织,比如跨国公司的母国研发中心开发出突破性和破坏性的研发成果,这类研发成果会改变其他研发中心的研发方向和路径,带动其他研发中心共同转向,也会引起市场、生产制造等部门的变化。母国之外的研发机构也会根

[①] 苗东升:《系统科学大学讲稿》,中国人民大学出版社2007年版。

据当地市场需求和技术发展研发出有价值的成果，这种成果会影响到母国和其他区域的研发活动。协同演化的意义在于，它解释了企业内部技术创新生态系统的生态多样性的价值，这个价值就在于多样性的研发主体可以增加系统的创新动力和能力。企业有必要充分利用各组织之间的系统演化功能，使系统更具凝聚力，能够分散和控制风险，并在大多数时候维系企业内部技术创新生态系统的稳定。

由于短板效应的存在，创新系统内任何组织成员的创新能力的不足都可能弱化系统整体竞争力，企业内部创新生态系统的协同演化要求综合平衡系统内各组织的创新水平。企业应该注意系统内每个组织的能力匹配，对能力不足的组织进行升级改造，使其与其他组织保持同步发展。比如，很多新创设的创新型企业拥有较先进的技术和研发能力，有的企业原本就是基于某项专利或技术成立的。但是研发支撑机构的能力与研发能力并不匹配，在市场、销售、生产管理等方面存在短板，不能实现系统的最优效率。最佳协同演化应该是，研发组织和支撑组织的能力相当，能够互相配合，有意识地帮助对方提高创新的能力。通常，研发组织会通过定期和不定期的沟通、组织学习、求助于高管层等方式来促进市场、财务、人力资源、采购等部门的协同演化。

（四）多样性和平衡性

多样性使创新型企业的研发充满了灵感和活力，不同文化和亚文化背景下的研发主体和研发支撑主体在合作中实现信息和人力资源的交换和交流，能够重新整合研发资源，使研发过程增加了更多选择性。

类似于自然生态系统，企业技术内部创新生态系统也有多样性和平衡性的特征。经过竞争与合作的双重作用，企业内部技术创新生态系统自发地从无序向有序的稳态转变。当系统处于平衡状态，系统内各个体无论是研发组织还是支撑组织都各司其职，相互配合，围绕研发活动开展自己的工作，维系一种协调合同的关系。主体之间进行信息、资金、人力资源等的交流融通，这种稳态有利用研发活动顺利进行。除非外界环境或企业战略发生重大变化，或者运营流程和商业模式有必要调整，否则处于稳态的研发体系才是最有效率的。

（五）自调控能力有限性

和自然生态系统一样，企业内部技术创新生态不可能总维持稳态，系统的自调控能力是有限的，稳态在外界环境的影响或内部的突变时会被打破，最后导致

第四章 创新型企业研发支撑体系的生态结构分析

企业内部技术创新生态系统结构和功能上的变化。比如当系统外部环境发生剧烈变化（如经济危机等），或者市场需求、技术发生很大的变化，企业内部的技术创新生态系统的生态链（网）会发生破裂，系统内的组织可能会因此受到重创，甚至系统本身会破产。

（六）复杂性

企业内部技术创新生态系统的复杂性特征表现在四个方面：一是企业内部技术创新生态系统中的研发组织和研发支撑组织数量很多且功能各异。如果一个创新型企业有多个研发组织，各研发组织之间会存在地位和研发侧重点的不同。如第三章提到的跨国公司研发支撑体系中各区域研发中心的分工和地位差异。研发组织和支撑组织之间建立物质、人力资源、资金和信息的交流，在功能如此不同的组织之间建立高效的合作机制，对创新型企业来说是个考验。二是研发资源和要素之间的联系是非线性的。研发实践中并非投入越多成果越多，或者至少两者不是线性关系。研发组织与其他支撑组织间的知识和信息的交流及反馈也是非线性的。三是企业内部技术创新生态系统的构造是非对称性。这表现为企业内部技术创新生态系统的任一部分都不能代表其他部门，跟其他部分有本质的区别。四是企业内部技术创新生态系统同时存在有序与无序的状态，复杂性产生于秩序与混沌的边缘①。研发组织和支撑组织间的相互关系就是在这样的情况下产生的。

（七）开放性

生态系统本质上都具有开放性，系统需要与环境进行能量、物质和信息的交换，这种交换一旦停止，系统也就失去了活力。企业内部技术创新生态系统的开放有主动和被动之分。系统在与外界环境互动交换的过程中掌握主动权是主动开放。在主动开放中，一方面系统可以对外界研发资源和信息进行判断，决定引进吸收或者放弃；另一方面也要在风险管理中建立屏蔽无用和有害信息的机制，同时要避免系统内部资源（如人力资源和资金）向系统外流失。通常情况下，企业内部技术创新生态系统都掌握开放的主动权，但在特殊情况下，系统可能面临强烈的外部变化的影响，如果系统在某些方面存在致命缺陷，或者由于内部出现紊乱，系统的资源会打破系统边界而出逃，这种情况被称为被动开放。被动开放

---

① 颜泽贤、范冬萍、张华夏：《系统科学导论——复杂性探索》，人民出版社 2006 年版。

的系统是不稳定的,最后的结果往往是解散或被合并到其他系统中。

第二节 创新型企业研发支撑体系的结构

研发支撑体系是企业中与研发活动及研发资源的配置和利用相关的各种机构相互作用而形成的推动研发创新的组织系统、关系网络,以及保证系统有效运行的制度和机制。企业中的研发活动包括概念开发、系统水平设计、细节设计、测试和改进、产业化等多个环节。为了更好地支撑企业中的研发活动,围绕在研发组织周围的研发支撑体系可以概括为管理机制支撑、硬件和资金支撑、创新文化支撑、知识管理支撑以及与企业研发与外部资源的接口五部分,如图4-2所示。

研发管理是企业管理的一部分,有效的管理机制是研发活动的最重要支撑。管理机制保障了研发的顺利进行,不但配置了研发所需的人力、资金、硬件等资源,而且为研发提供了激励、决策、组织、部门协调、风险管理等制度支持。企业的研发工作需要其他部门的配合和协作,同时研发活动也为其他部门的活动提供支持。特别是创新型企业普遍将研发活动提升到战略高度,研发活动的效率和成败直接关系到企业的生存和发展。但企业的部门有各自的利益,存在着资源的争夺,在这种竞争合作关系中,只有好的管理机制,才能协调各部门共同向研发目标推进。研发支撑体系中的管理机制包括人力资源管理、激励机制、研发组织结构、研发决策管理、部门协调机制、公司治理和研发风险管理。

对于本书所研究的创新型企业,特别是高新技术企业来说,研发投入存在有增无减的趋势。其中投入财力最多的除了研发人员薪酬外,就是研发硬件建设了。据调查,大部分创新型企业很注重研发硬件的建设和更新换代。研发硬件设施包括研发办公场所、实验室、实验设备及材料、技术平台、中试生产车间、信息网络系统等。企业费用资金的来源一般包括自有资金、发行股票融资、信贷资金、政府部门和非营利组织的支持资金等。

创新文化是企业从事创新活动的动因之一,创新文化能通过塑造的使命、愿景和价值观念影响员工行为,外在表现为创新精神、创新氛围、创新工具体系。创新文化激发员工对研发的思考,体现出积极的研发行为,最终会转化为研发效率的提高与职能发展的进步。即使在研发过程中遇到困难,或者研发影响某些部

第四章 创新型企业研发支撑体系的生态结构分析

门和职位的既得利益,打破常规引起冲突,创新文化也有助于矛盾的解决。在企业创新文化的指导下,企业研发组织和支撑组织的员工会主动服从、服务于企业创新。

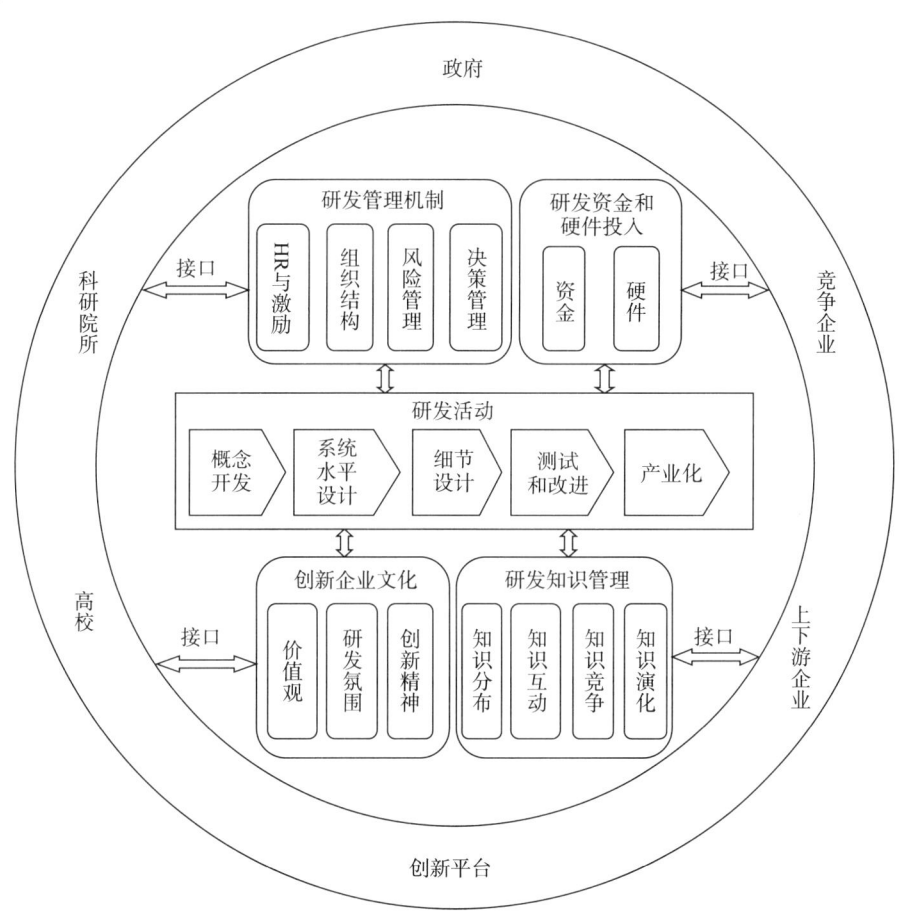

图 4-2 创新型企业研发支撑体系结构图

知识是企业研发活动的起点和终点,研发活动在既有知识储备的基础上,产生新的知识。所以知识管理是研发活动重要的支撑,同时也保存和利用研发成果,体现研发成果的价值。创新型企业研发知识管理包括知识储备、知识分享、研发成果利用、知识产权管理等。

>>> 创新型企业研发支撑体系研究

一、创新型企业研发支撑的管理机制

(一) 创新型企业研发人力资源与激励管理

彼得·德鲁克在《21世纪对管理的挑战》一书中指出,"知识工作者的生产力是21世纪对管理最大的挑战,在发达国家这是它们生存的需要,舍此就别无他法能维持其领导地位和维持其生活水平"。他认为,20世纪管理对企业和社会最重要的贡献是制造业中手工工作者的生产力提高了50倍。21世纪管理最重要的贡献将是知识型员工生产力的提高。20世纪企业最有价值的资产是它的生产设备,而21世纪企业中最有价值的资产则将是知识型员工和他们掌握的知识[①]。知识型员工与其他企业员工最为关键的区别在于对知识和技巧运用的程度不同,知识型员工掌握较多的知识资本。因其工作具有创造性,知识型员工在组织中有很强的独立性和自主性,他们的工作也要求比较宽松的环境和独特的绩效考核机制。

1. 研发人员的薪酬激励

薪酬是企业激励研发人员的基本和重要的手段。薪酬体现了企业对研发人员能力和工作成果的认可,基本作用是吸引、激励研发人员并防止研发人员流失。

研发人员的薪酬激励可以分为外在薪酬和内在薪酬两类。内在薪酬是指由于员工努力工作而受到表扬、重视和晋升等,从而产生的荣誉感、成就感、责任感等心理感受。外在薪酬分为直接经济报酬,包括基本工资、分红、绩效奖金、加班费、期权等,以及非经济报酬,包括灵活的工作时间安排、优越的工作条件以及职位晋升空间等。根据赫茨伯格提出的双因素理论,激发人们工作动机的因素主要有两个:一是保健因素,二是激励因素。只有激励因素才能够给人们带来满意感,而保健因素只能消除人们的不满,不会带来满意感。对知识层次较高的研发人员而言,基本工资和加班费等很难起到激励作用,相对而言,很多内在薪酬的激励效果不容忽视。因为研发人员更看重精神满足与个人价值体现,所以内在薪酬激励更能激发研发人员的工作热情。内在薪酬可以取得更长久的激励效果,

---

① Peter Drucker, *Management Challenges for 21st Century*, Harvard University Press, 1999.

第四章 创新型企业研发支撑体系的生态结构分析

很多学者建议企业在激励研发人员时重视内在薪酬激励方式。但内在薪酬相比外在薪酬难以量化,实施起来难度较大。

内在薪酬激励和外在薪酬激励之间存在互补关系。研发结果明确,研发难度较小的工作可以采用较为平衡的外在薪酬激励和内外在薪酬激励的结合;而结果不确定、创新程度高的工作则需要强化内在薪酬激励。同时,内外在薪酬激励之间存在替代效应,一种薪酬激励的增强会使另一种薪酬激励的效果下降(Ambile,1993)。因此,企业应根据研发阶段和难度、企业所在国家和地区经济社会发展水平等要素,对内在薪酬激励和外在薪酬激励做出恰当的安排,以取得最佳的激励效果①。

根据劳勒(E. E. Lawler,1985)的激励模式,按照薪酬给付方式将薪酬分为三类:技能薪酬、职位薪酬和绩效薪酬。技能薪酬指以员工的知识及技能作为标准发放薪酬。Lawler 和 Ledford(1985)指出,技能薪酬可以激励员工学习新知识和新技能,提高员工的自我管理能力。但是技能薪酬激励也会增加组织的教育、培训成本。职位薪酬是指根据员工职位的工作难度、责任及对企业的贡献等给付薪酬。研发工作特有的创新性与复杂性给企业评估员工职位价值造成难度,所以采用此种方式要注意保证职位评价的公平性。绩效薪酬是根据员工的绩效发放薪酬。这种薪酬激励方式也同样面临绩效评估标准不确定的问题。有研究表明,这种薪酬只适用于工作界定明确、组织整合性低且监督要求低的工作(Mohoney,1989)②。研发人员的工作大多需要多人甚至多部门协作,所以其工作边界难以明确,研发绩效难以量化。因此,这三种薪酬支付方式都有缺陷,企业要结合它们的各自优势,综合考虑研发员工和企业具体状况,做出合适的安排。

2. 研发人员的绩效考核

研发人员的绩效考核面临的三种不确定性,分别是技术不确定性、市场不确定性和测度不确定性。

技术不确定性是指由于研发对研发人员专有知识的依赖程度很高,其他人很难有效地监督和控制研发的过程和进度安排。所以从企业管理者的角度来看,研

---

① Jordan G. B.,"What Matters to R&D Workers",*Research Technology Management*,Vol. 48,No. 3,2005,pp. 23 – 32.

② Mohoney M. J.,"Psychological Predictors of Elite and Non – elite Performance in Olympic Weight Lifting",*International Journal of Sport Psychology*,1989.

发人员的投入和研发成果之间存在不确定性。

研发是专业性非常强的活动,与企业中的其他活动相比,研发过程高度依赖研发人员的专有知识,只有研发人员清楚在研发过程中应当如何合理地分配时间,安排工序和活动①。专有知识是一种隐性知识,一般很难传递。既然企业的管理者很难对研发人员的活动全盘掌握,那么他们对研发人员的绩效考核就很难做出明确的安排(潘颖雯、温春燕,2013)②。

市场不确定性来源于外部市场随机变化,如果企业不能准确预测市场需求,会导致研发人员不能准确制定研发目标和任务,在这种情况下研发人员的投入与市场业绩之间存在不确定性。由于企业研发的终极目标还是通过技术创新获得市场认可,从而获得经济利益,所以研发投入和市场业绩之间的不确定性对于企业的管理者来说是一个难题。

测度不确定性是指企业的管理者在对研发人员进行业绩考核时,由于技术不确定性和市场不确定性的影响,考核结果与实际业绩之间存在不确定性。要解决技术不确定性和市场不确定性的问题,看似应该多采用具有长期性和综合性的主观业绩指标考核研发人员,但事实上,主观业绩指标虽然可以在一定程度上避免市场不确定性和技术不确定性的影响,但同时会引发测度不确定性。如果人力资源部门不能与研发组织和相关专家进行有效沟通,获取客观和足够的知识,他们很难对研发成果这种复杂产品的价值做出正确判断,况且外界环境和市场的变化使得技术专家都很难估计研发成果的战略意义。

研发活动很多时候以项目的形式出现,具有项目的一次性特征,甚至没有任何先例,所以难以确定绩效标准。研发往往是团队行为,所以人员的绩效考核面临如何选择考核单元的问题——考核研发人员的个人绩效、项目绩效、团队绩效或企业绩效。研发成果在市场中实现其经济价值也不是研发部门一个部门能够决定的,需要市场、财务、战略、生产等部门的协作,这又增加了考核的难度。

一般认为解决研发绩效考核的方法有:

(1)建立多方评价体系。除了企业内部人员之外,还可以聘请外部专家作为评价主体,以避免专有知识不足和缺乏战略眼光的问题。

---

① Jensen M., Mechling W., *Specific and General Knowledge, and Organizational Structure*, Massachussets: Blackwell Publishers, 1992, pp. 251–274.

② 潘颖雯、温春燕:《三种不确定性对研发人员激励契约影响实证研究》,《商业研究》2013年第7期。

(2) 建立多角度，细化的评价标准。主观评价与客观评价相结合，让研发人员参与标准的制定。

(3) 选择多层次的考核单元。对研发人员个人、团队等进行多层次考核，并将考核结果进行加权平均等数据处理，将不确定性降到最低。

3. 职业生涯管理

在很多创新型企业中，由于组织的扁平化，员工纵向职位的升迁空间变小，传统意义上的职业生涯受到很大限制。然而研发人员作为知识型员工，追求事业成功、实现个人价值的欲望比普通员工更加强烈，所以企业要重视对研发人员进行职业生涯管理，帮助员工了解和拓展发展空间和路径，这对企业的人力资源管理也是一个新的挑战。

相比企业的其他员工，研发人员普遍更加看重事业的发展空间。Leavitt（1996）发现有些创新型企业研发人员甚至愿意暂时牺牲个人收入和企业共同度过财务困境，只要该企业向研发人员提供满足其自我实现需求的发展机会。所以企业人力资源部门和决策层不能忽视对研发人员的职业生涯规划，以吸引和保留对企业有价值的研发人员。

研发人员的职业生涯可被划分为实现期、过渡期、发展期和稳定期四个阶段。研发人员在不同阶段有不同的职业需求，企业应考虑到研发人员的不同阶段，开发与其职业需求相适应的职业发展规划和项目，提升研发人员的工作满意度，从而促进其职业发展和研发绩效的提升[①]。

在研发人员的职业生涯实现期，研发人员一般会对进入自己理想的行业感到满意。如果企业的激励和报酬达到行业平均水平，研发人员对目前的工作会产生较高的满足感，因为一般企业中的研发人员的薪酬水平与其他岗位相比是比较高的。刚入职的研发人员最需要的是岗位培训，学习适应工作流程和工作中的协作、配合。

在研发人员的职业过渡期，研发人员逐渐能够独立解决问题，但又会遇到技能专业化宽窄问题。如果选择较宽的专业面，研发人员可能向销售、售后服务、生产岗位转移，放弃了独特的研发业务技能的培养，作为专业人士的价值会大打

---

① J. Bouwens, Laurence van Lent, "Performance Measure Properties and the Effect of Incentive Contracts", Journal of Management Accounting Research, Vol. 18, No. 1, 2006, pp. 55-75.

折扣。但这些岗位确实需要从业人员具有一定的技术专业知识，这也是企业会鼓励部分研发人员拓展专业面的原因。如果研发人员选择较窄的专业面，则会在今后的工作中缺乏应对综合性复杂问题的能力，因为研发工作一定要和市场、销售、售后服务、生产等环节进行衔接。在这一阶段，需要企业相关部门帮助研发人员做出适合自己职业规划的选择，选择过程中要结合企业需要，综合考虑研发人员技术创新能力和职业倾向（陶厚永等，2018）[1]。

在研发人员的职业发展期，研发人员的职业规划基本明确，具有了多年工作经验和一定的职业地位，有人已经被赋予指导和培养后辈的职责。这个阶段的研发人员常常要扮演团队领导、创意决策者和管理者的角色。当然并非所有研发人员都能顺利从过渡期跨越到发展期，除了研发人员必须具备专业能力之外，职业和心理素质、对企业的责任感和良好沟通的能力都是重要的影响因素。能够进入职业发展期的研发人员可以被看作企业的非常有价值的人力资源，所以企业的人力资源部门、高管层有必要帮助和引导研发人员从第二阶段向这一阶段过渡。

在研发人员的职业稳定期，部分研发人员进入企业的高级管理层，或者成为内部创业者，对所在企业或部门产生战略层面的重要影响。当然企业应该营造能上能下的文化氛围，让研发人员能够在管理者和研发岗位之间双向转换，以免研发人员进入管理层之后丧失对技术趋势的敏感性，如组织取向、专业取向等。

针对研发人员的不同职业取向，有些西方企业建立了双职业阶梯制度，以便为具有组织取向的研发人员提供晋升到管理职位的机会，同时为具有专业取向的研发员工设置专业晋升阶梯。然而，有研究表明研发人员还可能具有其他的职业取向，比如项目取向等。所以针对研发人员的双（多）职业阶梯制度在西方企业的实践也正在摸索和发展之中。从以上内容可以看出，研发人员工作激励要特别关注研发人员特殊的个人需求，着重研究企业和研发组织如何为研发人员创造适当的环境和工作条件，以最大限度地调动他们的工作积极性，发挥人力资本作用，激励他们为增强企业核心竞争力和取得经营业绩做出贡献（李卫东等，2008）[2]。

---

[1] 陶厚永、孙伟民：《移动互联时代工程科技人才开发策略创新研究》，《江苏大学学报》（社会科学版）2018年第2期。

[2] 李卫东、刘洪、陶厚永：《企业研发人员工作激励研究述评》，《外国经济与管理》2008年第11期。

第四章 创新型企业研发支撑体系的生态结构分析

(二) 创新型企业研发组织结构的设置

研发活动中包括诸多环节，各环节要求的专业技能和资源也大相径庭，因而往往需要分工完成。研发分工有利于积累专业经验、便于专业工具的开发和应用、提高工作效率。然而，随着分工程度的提高，组织单元间的协同合作问题也会随之显现，因而需要建立必要的机构和机制，促进各组织单元间的沟通与协作。

分工形成的组织结构必须具有一定的功能性，这是研发组织设计的基本要求，也决定了组织结构的效能。根据研发组织结构的功能性可以将其分类为不同的研发组织模式。

1. 研发组织模式的类型

按照创新型企业内部各层次研发机构功能的不同，可以将研发组织模式划分为三个基本类型。第一类是科层集中模式。其特点是研发组织结构的层级明显，研发决策权沿着组织层级向上集中，上级研发机构对下级研发机构拥有绝对的领导权，研发资源统一调配。第二类是中央主导模式。海尔、三一重工等都采用这种研发组织模式。在这种模式下，以功能强大的中央研究机构为核心，主要负责整个企业（集团）的创新活动的统筹、技术创新体系及平台的建立、前瞻性产品的研发，再按地域、产品类型或技术创新价值链等设立满足局部研发需求的二级研发结构，就此形成一个完整的研发体系。第三类是网络开放模式。属于这种模式的企业，拥有多个功能相对独立的中心研发机构，它们彼此之间没有功能上的主辅之分，却有着密切的交流和合作关系，由此形成了一个开放、协作的研发网络。华为、中兴采用的就是这种研发组织模式。

在不同的研发组织模式下，具体承担研发任务的组织结构类型多样，既有研发实体，也有虚拟组织。研发实体包括外部研发机构、企业内设研发部门、企业分支研发机构、联合实验室以及各种临时研发组织（如项目开发小组、课题组）等。虚拟组织包括产学研联合体、产业技术联盟、企业技术联盟、企业战略联盟，以及各种与外界合作的临时研发组织等。目前，最常见的产品开发项目组织结构有职能型结构、项目型结构和矩阵型结构。

职能型结构将研发项目的全过程分为若干部分，分配到不同的职能部门，优点是各部门分工明确，其缺点在于将有机的研发过程切割，容易造成流程衔接不畅、效率较低、成本较高。项目型结构以项目为中心，集合研发资源，研发人员从各职能部门调取。这种结构保证了研发团队的信息交流和资源供应，但是因为项目间的界限划分，不利于不同项目成员之间的沟通和知识共享。矩阵型结构介于职能型结构与项目型结构之间，研发人员参加研发项目小组的工作，但绩效考核一般还由原职能部门负责，可将职能部门的信息、知识与资源用于项目研发，避免职能型结构流程衔接问题。但是，在这种结构也存在着多头领导的管理问题。

2. 研发组织的协同机制

研发任务交由具有不同功能的组织单元完成，就会导致协同问题出现。而且随着分工向企业外部的扩展，协同问题也从企业内部的各组织单元之间扩展至企业与其他社会组织之间，因此需要根据情况采取适宜的协调机制。常见的协调机制有：一是成立专门的协调小组。小组成员多是承担研发任务的各组织单元负责人，由他们负责组织单元间的沟通与协调。二是指定专人负责协调工作。负责协调工作的负责人级别一般较高（至少高于作为协调对象的组织单元的级别）。三是利益分配时考虑协同中的表现。比如在绩效考核时增加反应协同活动的指标。这种做法对组织单元或个人都适用。以个人为例，比如可以为研发人员设计过程与结果相结合的考核指标，以实现督促研发人员增强协同的目的。具体地说，在年终考核时既要看员工工作绩效的达标情况，还要考量其工作中的协作行为，比如工作中能否与其他员工知识共享、辅导教授新员工、愿意倾听别人的意见等。

（三）创新型企业研发风险管理

1. 研发风险的概念和产生因素

企业技术创新风险管理理论出现于20世纪50年代。熊彼特（1934）在《经济发展理论》中指出，技术创新具有不确定性，所以技术创新过程中必定伴随风险因素[①]。研发风险既可以表现为产品不能按计划开发出来，也表现为研发成果不能成功地商业化。

研发风险是企业内部和外部因素共同作用的结果。其内部因素包括需求认定、概念形成、技术开发、产品设计、产品生产、市场推广等环节。外部来源包

---

① 约瑟夫·阿洛伊斯·熊彼特：《经济发展理论》，中国商业出版社2009年版。

第四章 创新型企业研发支撑体系的生态结构分析

括合作单位、竞争对手、经济环境、国家政策、社会文化环境等方面。美国学者 Myers 和 Sweezy 经过调查,结果发现导致研发风险的因素中,技术因素占 11.5%,市场因素占 27.5%,其他风险因素为管理因素、资本因素、专利抵触、政府政策等①。

2. 研发风险管理

一般而言,风险管理程序过程如表 4-2 所示。

表 4-2 风险管理程序

行动	
设定目标	1. 与组织和个人的整体目标相一致 2. 重点强调风险与收益之间的平衡 3. 考虑对安全性的态度及风险接受意愿
识别问题	1. 问题是风险事故、保险标的及风险因素的结合 2. 需要运用多种手段进行识别 3. 识别对于有效管理而言是关键问题
评价问题	1. 衡量损失的频度和强度 2. 与组织的特性和目标相关 3. 利用概率分析 4. 考虑最有可能发生的事和最大可能的损失
识别与评价可选方案	1. 基本选择:避险、损失控制、损失融资 2. 损失控制,包括防损和止损 3. 损失融资,包括转移和自留 4. 一般运用不止一种方式 5. 评价基于成本、对损失频度和强度的影响,以及风险的特性
选择方案	1. 运用决策规则在可选方案中做出选择 2. 选择应基于第 1 步所设定的目标
实施方案	1. 要求处理问题的技巧 2. 包括对组织行为的全局性观点
监督系统	1. 重返第一步,重新评价过程中的每一个因素 2. 选择是在动态环境下做出的,要求持续的评价

---

① Myers Sweezy E., "Why Innovations Fail", *Technology Review*, Vol. 15, 1978, pp. 41–46.

风险管理的手段主要有以下几种：

（1）避免。回避损失发生的可能性，实际上是对风险因素的回避，是风险管理中的消极技术。当创新型企业经过考量，一旦发现有研发风险事件发生，风险损失是自己难以承受的，可以采取避免措施，放弃研发活动。其缺陷有三点：一是没有风险就没有收益，放弃研发活动就意味着放弃研发成果可能带来的收益；二是风险不可能完全规避，研发关乎创新型企业的核心竞争力的形成，研发本身就是和风险相伴而生的；三是规避一种风险时另一种新的风险可能会出现，因为企业放弃一种研发方向，必然转向另一种研发方向，而如何研发都有风险。

（2）自留。企业自我承担风险的损害后果。在研发风险管理中是处理风险残余的方法。创新型企业可用自有资金弥补研发风险可能带来的损失，前提是企业拥有较强的资金支持。创业阶段的企业风险自留的资金支持来自于股东投资，进入成长和成熟阶段的企业，资金支持还会来自于以往利润的留存。

（3）预防。消除风险因素，降低损失的概率和损失程度。预防风险的主要方法包括以哈顿能量释放理论为基础的工程物理法和以亨利屈的骨牌理论为基础的人类行为法。

（4）抑制。损失发生时或之后采用的缩小损失程度的措施。

（5）转嫁。将损失及损失有关的财务后果转嫁出去。风险转嫁的方式主要有公司、合同安排（包括保证条款、担保合同等）、基金制度、保险等。

不同的风险类型宜采用不同的风险管理方法，一般规则如表4-3所示。

表4-3 风险管理方法

类型	损失概率	损失程度	其他条件	风险管理手段
1	高	高	处理风险时，成本大于产生的效益	避免
2	低	低	最大损失不影响企业或单位的财务稳定性	自留
3	高	低	—	预防
4	低	高	损失程度高且风险无法避免和转嫁	抑制
5	高	高	可以转嫁	转嫁

表4-3还可用风险管理技术选择矩阵来表示，如图4-3所示。

第四章 创新型企业研发支撑体系的生态结构分析

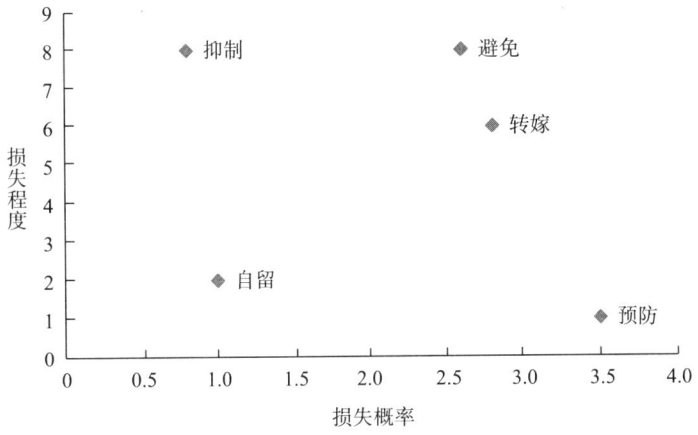

图 4-3 风险管理技术选择矩阵

3. 创新型企业研发风险管理的具体措施

20世纪五六十年代，美国在洲际导弹研制过程中，产生了系统安全理论，其主要内容包括：

（1）以前的理论只重视操作人员的不安全行为，忽视了硬件故障因素，而系统安全理论开始关注如何通过改善硬件系统可靠性来提高复杂系统的安全性。

（2）任何事物都不是绝对安全的，任何事物中都有潜在的危险因素，因此该理论强调要消除安全盲区。

（3）因为不可能消除一切危险源，所以要注重减少总体危险性，而非彻底消除几种选定的风险源。

（4）由于人的认识能力是有限的，不能完全认知危险源及其危险程度，即使今天认知了所有危险源，今后又会出现新的危险源，所以对危险源的控制不是一朝一夕的事。

对于研发风险对策，王桢（2011）从重视人才队伍建设、利用风险投资、市场信息调查转移风险、增强企业的研发风险意识方面提出相应对策[①]。洪进等（2003）从新技术、新市场、新产品的空间结构角度指出了研发风险控制对策：基于空间结构的研发战略决策；研发风险分散；组织创新和企业流程再造；注重

---

① 王桢：《企业技术创新的风险管理研究》《生产力研究》2011年第4期，第174-175页。

风险评估；确定替代性的选择方案；建立早期预警系统[①]。

创新型企业研发风险管理的具体措施包括：

（1）要形成研发风险意识。无论是研发组织内成员，还是研发支撑部门的相关工作人员，尤其是战略管理层人员都要树立正确的风险观。研发决策不光涉及研发组织，创新型企业研发决策机制灵活，对于重要研发项目甚至需要企业高管层进行研发决策。只有所有参与研发的人员都树立正确的风险观，具备识别潜在风险的能力，才能做好研发决策。缺乏风险意识，盲目决策，可能会造成研发失败。但是过于保守地看待风险，一味规避风险又会使企业失去许多创新的机会。企业在从事研发活动时，要权衡风险损失与企业自身实力，准确估计风险发生概率，同时认识到风险与收益共生的法则。

（2）加强研发信息沟通。根据企业内部创新生态系统理论，研发部门和其他支撑部门分属不同的物种，但在企业创新活动中组成一个种群。种群内各物种依靠物质、信息等的交流维持生态系统的稳态。研发活动是一个动态的过程，研发成果实质是一种有价值的信息，所以在研发部门内部、研发部门和其他支撑部门、研发部门与企业外部环境之间要建立良好的信息传递机制，比如定期会议、合理化建议邮箱、公司内部论坛、情报收集系统等。

市场和销售部门获取的市场需求信息，要定期传达给研发部门沟通，使研发部门了解市场动态，掌握研发方向。以此减少研发成果难以转化为经济效益的风险。研发部门对于市场和销售部门的售前、售中、售后服务工作也要给予必要的技术支持。另外，关于研发进度控制、研发人力资源配备、研发绩效考核等工作，也需要研发部门与其他支撑部门的良好沟通。

（3）建立研发风险评估体系。创新型企业应组建研发项目风险评估小组，建立研发项目评估体系，保证产品研发方向定位准确，做好技术评估。

研发人员在与市场部门充分沟通，掌握市场需求的基础上，做好项目立项前专利审查工作，预防研发成果发生知识产权纠纷。专利审查工作同时也可以为企业的研发方向提供了线索和研究思路。

研发组织要了解相关技术领域的动态，做好企业技术成熟度、研发成果转化评估工作。必要时可以产学研合作，或者与其他企业建立研发联盟，在社会范围

[①] 洪进、汤书昆：《企业技术创新过程中的风险问题研究》，《科学学与科学技术管理》2003年第24期，第31-33页。

内分散研发风险，具体措施可见下一章内容。

在研发项目立项阶段，应运用财务评价指标对各个项目和方案进行可行性研究，根据量化的研究结果确定最优项目和方案。建立成熟的项目风险评估指标体系，全方位地对项目进行优先选择。这样既可以在一定程度上规避市场风险的影响，又能保证研发项目的可行性，为研发工作的顺利开展奠定基础。风险意识应当贯穿研发概念产生及实施阶段。

（4）设立专项研发基金，杜绝研发资金的流动性风险。研发本身就是具有高风险的活动，资金投入较大，因此企业需要对研发资金投入以及资金来源做出提前规划。如果创新型企业在研发资金的使用和筹资渠道方面缺乏长远规划，一旦在研发过程中资金供应不及时，可能导致研发活动中断、丧失市场机会等后果。

创新型企业可以设立专项研发基金，根据企业自身的情况，定期提取一定量资金作为研发资金，并做好研发资金的规划，加强资金应用的审核和监督，就研发资金的使用情况在研发组织和财务部门之间建立良好的沟通，从而保证研发资金有效运用，降低企业研发风险（吕影涛，2012）。

（四）创新型企业的研发决策机制

企业的研发创新战略、研发活动的功能定位，以及研发活动具体实施的方案、配套的资源调配方案等，都是决策体系所针对的决策对象和最终产出。而这些决策如何做出，以及是否科学，还取决于企业的研发决策模式、决策机构、决策程序和原则。

决策模式通常分为两类，一类是集权模式，另一类是分权模式，主要参考依据是决策权在低级组织结构中的分配比重。马剑虹（1997）、夏惠娟等（2017）对"新技术引进"这一典型的研发决策问题进行了实证分析，将企业研发决策的层次划分为高管层、中层管理者和基层员工，同时指出"新技术引进"这类决策属于"高管层主导型决策"[①]。因此，重要的研发决策在第一阶段层次，是由企业家首先做出的。然而即使是由高管层主导的重大研发决策，也离不开中层管理者和基层员工的参与和配合，"良好的决策力是一种基于决策力的执行力"。高管层对战略层面的决策更加得心应手，然而落实到知识和技术层面，就需要研

---

① 夏惠娟、薛镭、陆园园：《高阶梯队理论视角下控制权对不同背景领导者与研发投入间关系的调节机制》，《技术经济》2017年第5期。

发组织员工参与决策了。创新决策过程中的这种层次结构还表现为动态的过程。不只是单向的"自上而下",即只有高层目标决定低层目标,而是有"自下而上"介入的双向过程,即具有所谓的"异阶层次"(Heterarchy)的特征(宗文等,2011)①。所以研发决策是由高层发出,先"自上而下"进行决策的分化,再"自下而上"反馈整合决策的过程。

研发决策由于涉及对新知识、新技术等新领域的探索,因此它较一般的决策问题通常具有更高的不确定性和风险性。研发决策内容包括:

(1)研发成本。为获取研发成果所需投入的人力、资金、物质、时间等资源。创新强度和实现方式不同决定了研发难度,从而影响到研发投入的大小。

(2)研发路径。企业获取研发成果的方式,包括自主研发、合作研发、外部引进等。创新型企业要结合自身知识储备和研发能力,决定采用何种方式。采用自主研发和合作研发要考虑研发能力,即使考虑外部引进方式也要考虑引进的技术是否和自身的人力资源和其他资源匹配。决策过程中涉及的主要因素包括研发成本、收益以及由成本和收益的不确定性所带来的风险②。

(3)研发风险控制。

(4)研发组织形式。

(5)研发规范。

创新型企业的研发成果直接关系到其核心竞争力,在研发决策中应注意以下问题:

(1)决策者与决策内容相匹配。技术创新效率取决于决策权与决策知识的匹配程度,匹配程度越高,技术创新效率就越高(哈耶克,1945)③。将创新决策权力赋予具备相应决策能力与知识水平的人才可以被称为科学的决策。根据全球知识经济委员会(GKEC)的定义,创新决策权(Authority Innovation - decisions)是指对创新接受或拒绝的选择权,权力由组织内具有特定权力、地位和技术专长的少数人员所掌握。由于科学决策需要知识和决策权的结合,所以创新型企业有必要放权给研发人员。对于知识薄弱的企业高管层,则需要通过学习在一

---

① 宗文、李晏墅、宗盟:《组织心理视角下企业创新决策机理研究》,《江苏社会科学》2011 年第 3 期。
② 李江、和金生:《基于知识管理的技术创新决策研究》,《科技进步与对策》2008 年 7 月。
③ Friedrich August von Havek,"The Use of Knowledge in Society", Amerrica Economic Review, XXXV, No. 4, 1945.

第四章 创新型企业研发支撑体系的生态结构分析

定程度上掌握相关知识,保障决策不要出现偏差①。但是研发活动涉及的知识比较专业,而且数量极多,将这些知识传递给决策者成本较高。研发决策的授权和放权显得非常必要,企业可以成立创新委员会或类似组织,将具有研发知识的人吸收进来,集体决策,更有利于提高研发决策的质量和效率(梁偲等,2018)②。

西蒙(Simon)的"有限理性"理论认为,人的理性是处于完全理性和完全非理性之间的,决策者的知识是有限的,再加上主观认识能力、价值观念等方面的制约,无法做到最佳决策。即使是集体决策,由于受到时间、经费、信息等方面的限制,创新型企业也无法做出"最理想、最优化"的决策。决策者能得到"令人满意"的方案就可以了,而不是追求完美的方案。但是集体决策比个人决策更能有效地评价和控制技术创新活动的高风险。研发决策中应当成为民主化决策,即使是应由高管层做出的决策,在决策之前应收集尽可能多的信息,听取众多专家的意见。

(2)研发成果的先进性和适应性相结合。研发成果可以表现为知识、新产品、新服务等,表现出一定程度的先进性。研发的适应性原则对研发活动服从企业整体战略和研发活动要基于企业现有知识和技术提出了要求。对于很多创新型企业而言,研发已经被提到战略高度,研发活动是企业战略实施的一部分,研发从属于战略。研发不是孤立开展的,要考虑各方面影响因素。整合研发资源,有利于战略目标的实现和竞争能力的提升,这才能实现研发的价值。如果采用引进技术模式,企业的研发将侧重于引进知识消化吸收,与客户需求对接。如果企业自身学习能力和人力资源储备比较薄弱,企业很难将引进知识内化,所以引进技术前也要考虑到与自身现有资源的适配性。

二、创新型企业研发投入

(一)创新型企业研发投入管理

世界主要跨国公司的研发资金投入有普遍上升的趋势,据统计,2017年全

---

① 白云涛、王亚刚、席西民:《多层级领导对员工信任、工作绩效及创新行为的影响模式研究》,《管理工程学报》2008年第3期。

② 梁偲、李万、张宓之:《增强企业技术创新主体作用研究——以上海为例》,《科技创业月刊》2018年第1期。

球研发投入继续呈增长态势,研发投入最大的1000家公司的研发投入达7016亿美元,同比增长3.2%,研发投入强度达4.5%。全球私营部门研发投入已达到1999年的2.7倍[①]。发达国家和新兴工业化国家的发展经验表明,加大研发投入力度,是提高企业绩效、获得超额利润的重要保证。

自20世纪60年代起,很多研究者就开始研究研发投入与企业绩效之间的关系,有些研究证明两者间没有正相关关系,但是也有大量研究发现研发投入能提升企业绩效。Grabowski和Mueller(1978)以美国86家公司作为样本,研究发现研发投入的投资回报率高于其他投资[②]。Griliches(1980)[③]利用CD生产函数模型对美国和日本部分企业进行了分析,发现研发投入能够促进生产率提高。Chambers等(2002)研究了美国近10万家企业,认为研发投入对企业绩效的推动作用可持续10年以上[④]。

国内学者对这一课题的研究也比较多,从不同的研究角度和数据中也得出了不同的结论。李燕(2018)对国内企业的研究指出,自主研发和引进国外技术能显著提高企业生产率,但地区差异比较明显,应该因地制宜提高研发投入效率。汪涵玉、朱和平(2018)的研究表明,当期R&D投入负向影响当期企业绩效,但研发投入对滞后一期绩效为正相关关系。刘德胜(2010)对我国中小板上市公司的研究表明,研发支出与企业绩效呈倒"U"形关系。周国洪和陆立军(2003)对1162家浙江省高新技术企业的研究否认研发投入与企业绩效之间存在显著的相关关系。

虽然理论研究对于研发投入与企业绩效之间的关系尚未有统一的结论,但实践中创新型企业一直重视研发投入,希望通过增加研发投入增强自身竞争力,提高业绩。我国创新型企业研发投入绩效有以下几个特点:一是普遍看来,研发投入能够提高企业生产率和经济效益,重视研发的企业比没有研发投入的企业业绩更好;二是研发投入对生产力和企业盈利能力的作用存在一定的滞后效应,滞后时间不等;三是研发投入影响企业绩效存在行业的区别,对于高新技术行业企业

---

① 普华永道:《2017年全球创新1000强》。

② Grabowski H., Mueller D., "Industrial Research and Development, Intangible Capital Stock and Firm Profit Fates", *Bell Journal of Economics*, Vol. 9, 1978, pp. 328 – 343.

③ Griliches Z., *Returns to Research and Development Expenditures in the Private Sector. Development in Productivity Measurement and Analysis*, Chicago: University of Chicago Press, 1980, pp. 339 – 374.

④ Chambers D., Jennings, R., Thompson B., "Excess Returns to R&D – intensive Firms", *Review of Accounting Studies*, Vol. 7, 2002, pp. 133 – 158.

第四章 创新型企业研发支撑体系的生态结构分析

的作用更为显著。

(二) 创新型企业研发资金来源

根据本书前面的研究,保证研发资金的投入,是创新型企业提高业绩、控制研发风险的重要环节。在新经济时代和金融与产业关系日益密切的大环境下,企业的研发资金来源得到前所未有的拓展。创新型企业可以从以下渠道获取研发资金:

1. 企业自有资金

用企业的产品销售所产生的现金流投向研发活动是一种成本最低的投资手段,也是大多数进入成熟阶段的创新型企业所采用的研发投资方式。然而,用自有资金作为研发投入虽然成本最低,但前提是企业有现金流类产品,能够提供足够的资源。对于很多创新型企业而言,这种资金来源不足以覆盖所有的研发资金需要。企业还需要通过各种方式筹集研发资金。

2. 政府资金

由于很多创新型企业所属产业,很多是国家支柱产业或战略性新兴产业,中央政府和地方会制定各类研发支持政策。包括直接资助和间接资助。直接资助即在政府财政预算内安排资助企业的研发经费,如政府研发津贴等。间接资助,即政府通过税收减免,土地政策等优惠政策对企业研发给予倾斜,如研发课税扣除等[1]。

我国目前的情况是企业的研发投入很高,政府的研发强度与其他发达国家相比偏低,但是不可否认政府的研发强度是在逐年增加的。创新型企业一方面可以通过各种方式建议政府增加对企业的研发资助,简化申请流程;另一方面要积极争取现有的政府资金资源。

3. 私募基金

私募基金(又称私募股权投资或私人股权投资,Private Fund),是一个很宽

---

[1] González X., Pazó C., Do Public Subsidies Stimulate Private R&D Spending, Research Policy, Vol. 37, 2008, pp. 371 - 389.

泛的概念，用来指对任何一种不能在股票市场自由交易的股权资产的投资。在美国，很多私募的基金会愿意资助企业研发的活动。如比尔—梅琳达·盖茨基金会、本—富兰克林基金（Ben Franklin Fund）、BioWest Biotech Hedge Fund 等。我国私募基金目前处于活跃时期，创新型企业可以在必要时把私募基金作为研发资金的来源，当然前提是面临股权的稀释。

4. 风险投资

风险投资是由具备资金实力的职业金融家对具有专门技术的、新兴的、迅速发展的、具有良好市场前景的企业进行投资的行为。风险投资者通过投资获得权益资本，和其他股东一起承担投资失败的风险，并期望获得高额投资回报。高风险投资一般投向高新技术及其产品的研究开发领域，在前期研发阶段，投资风险较高，但潜在回报非常可观。一旦投资项目获得商业上的成功，风险投资者以日后获得红利或出售股权套现的方式获得投资回报。所以风险投资和企业研发有着天然的匹配关系，经验丰富的风险投资向创新型企业投入风险资本的过程，也是协调风险投资家、技术专家、投资者的关系，利益共享、风险共担的过程。这种协调和管理的经验是值得很多创新型企业学习的。从发达国家的实践来看，风险资本对研发成果的商业化起到了巨大的作用。风险资本对于早期的研发项目尤其重要，但风险资本最终是要退出套现的，而且基于研发项目的高风险性，风险资本会要求较多的企业股份，这使得风险投资的使用成本很高（李中华，2012）。

5. 发行股票

创新型企业通过 IPO 或增发新股的方式使所筹资金成为了企业的自有资金，可以长期为企业研发所用，不必担心偿还问题。同时发行股票并上市也为风险投资和私募股权投资提供了退出机制，发行股票是创新型企业获得大量、长期研发资金的最佳来源。

6. 债务融资

创新型企业的债务融资方式分为两大类，银行贷款和发行公司债券。

7. 战略合作融资

对于自有资金有限、金融市场融资渠道不顺畅的创新型企业，可以通过与其他财力雄厚的企业建立战略合作关系来获取研发资金的支持。

具体有以下方式：专利授权融资（Licensing Financing）通过转让已有专利成果的使用权来筹集研发所需资金。过桥融资（Bridge Financing）是企业在获得长期投资之前，为确保企业运营所进行的短期融资行为，通常期限在1年以内。为企业提供过桥融资的一般是企业长期融资（IPO或私募融资）的合作伙伴，如承销商等，也可以是商业银行。过桥贷款可以以现金方式支付本息，也在IPO或私募成功后以股票方式支付。合作研发融资（Co-development Financing）是传统企业与创新型企业通过建立合作关系、达到资源互补来共同进行研发活动。在这种情况下，传统企业通过向创新型企业注入研发资金或者利用自己的专长帮助创新型企业进行新产品的研发来分享新产品的未来预期收益。

三、创新型企业研发的企业文化支撑

（一）企业文化对于创新型企业研发的支撑作用

创新的企业文化是企业创新的动因之一，创新型企业文化能够激发和促进企业的持续创新。Fons Boronat（1992）认为，创新文化是一种行为模式，这种行为模式可以使企业在某一特定时期的创新思想达到最大化。Charles'o Reilly（1997）认为，企业文化对企业的创新和研发起着重要的推动作用。尤其是当公司陷入困境或公司需要进行组织变革时，企业成功的重要原因就是管理哲学和企业文化适应时势的变化[①]。Goffrey C. Nicholson（1998）对3M公司做了深入的研究后，发现企业文化对企业研发和创新有着极其重要的作用。他认为，创新可以刺激增长，任何一个优秀的企业都要创造一种使企业具有旺盛生命力和有激情的企业氛围，而这种企业氛围就是企业文化[②]。Sheldon A. Buckler（1998）认为，随着企业的发展和成熟，企业文化是进行更高层次创新和研发所必需的氛围基础。成熟且保持恒久创新力的企业存在着明显的共性——企业文化推动创新，这

---

① Charles O'Reilly, "Corporation's Culture and Commitment: Motivation and Social Control In Organization", *Research Technology Management*, Vol. 8, 1997, pp. 356–358.

② Goffrey C. Nicholson, "Keeping Innovation Alive", *Research Technology Management*, Vol. 4, 1998, pp. 124–128.

对 R&D 企业或市场更为重要，它是 R&D 企业或市场活力的保障①。高传贵等（2018）认为，企业文化对企业的研发创新有不可忽视的影响力，它可为研发和创新提供动力和智力支持，激发企业活力。良好的创新文化氛围有助于企业研发和创新活动的开展。无论东西方企业，其技术进步和创新都受制于企业文化环境。没有好的企业文化，企业的竞争力始终都是有限的。

企业文化通过企业使命、愿景、价值观和形象的塑造，形成企业中技术创新的氛围，促进技术研发的成功。总结企业文化对于创新型企业研发的支撑作用：

1. 企业文化有利于调动研发人员的工作积极性

研发员工是企业持续创新的主体。只有将员工的创新积极性调动起来，才能使其充分发挥想象力和创造力。身处一种排斥创新、缺乏包容的企业文化当中，研发人员的创新活力会受到束缚。研发人员作为知识型员工，对企业文化氛围比较敏感，也比较重视，要激发他们的工作热情，首先必须要让他们在价值观念上认同本企业的文化。在价值观认同的基础上，研发人员才会接受企业的战略，并将自己的工作任务内化到企业战略中去，在研发活动中越来越能跟随市场需求和技术的发展趋势，同时也使企业对变化越来越快的环境保持充分的创新适应弹性。

2. 企业文化有利于研发组织和研发支撑体系的协作

好的企业文化一定体现企业家精神，企业家精神的核心要素就是创新精神。但是创新不是企业家自己就能够完成的，也绝对不是研发部门一个部门的事情，它是企业战略的核心部分，所以需要研发组织和研发支撑体系的协作。好的企业文化会通过授权使研发组织和支撑体系都参与到创新活动中来。共同的创新价值观和目标使部门间的协作更加顺畅，在面临部门或组织间利益冲突时，文化作为一种软约束，有助于化解矛盾。

（二）创新型企业文化建设应注意的问题

有利于研发活动开展，鼓励创新的企业文化包含以下元素：追求卓越、重视

---

① Sheldon A. Buekler, "The Spiritual Nature of Innovation", *Research Technology Management*, Vol. 4, 1998, pp. 25–27.

员工价值、鼓励冒险、宽容失败。建设具有以上特点的企业文化应该注意以下几点：

1. 塑造重视创新和研发的企业家精神

企业家是推动企业文化建设的中坚力量，企业家精神是企业文化的重要组成部分。特别是在某些领导者有突出个性、号召力极强的企业，企业文化的塑造在很大程度上受到领导者影响。因此，企业家应该率先垂范，认识到并且强调创新和研发对于企业可持续发展的关键意义。通过企业家精神、管理艺术和人格魅力，感染和影响研发人员发挥最大的能力，也保障支撑体系对研发的支持力度。

2. 将创新列入企业的核心价值观

在进行创新型企业文化建设时，需要确立创新为企业核心价值观。20世纪初，熊彼特首次提出了"创新"的概念，将创新视为经济发展的根本动力。经过长期的理论与实践，人们已深刻认识到，创新不仅是经济发展的根本动力，也是企业形成核心竞争力、持续获取利润增长的源泉。创新型企业只有将持续创新作为核心价值观，并且使之深入员工意识，才能在制度和文化上鼓励创新和研发，这对研发组织和研发支撑部门都是很有必要的。

四、创新型企业研发支撑的知识管理

（一）知识管理概念

迄今为止，对知识管理仍没有一个统一的定义。Drucker 是较早提出知识管理概念的学者，他在 1998 年重新定义了知识管理，指出知识管理是提供知识并设法将现有的知识做到最好的应用[1]。Yon Krogh 等（1998）认为，知识管理是指识别并协调组织的集体知识，以此提升组织的竞争力[2]。Dell（1998）认为，知识管理是在正确的时间将正确的知识提供给正确的人，并以提高组织绩效为激

---

[1] Peter F. Drucker, "Knowledge - worker Productivity: The biggest Challenge", *California Management Review*, Vol. 41, No. 2, 1999, pp. 103 – 110.

[2] Georg Yon Krogh, Ikujiro Nonaka, Manfred Aben, "Making the Most of Your Company's Knowledge: A Strategic Framework", *Long Range planning*, Vol. 34, 2001, pp. 421 – 439.

励，促使人们共享和利用信息。Yogesh Malhotra 是知识管理专业网站的创始人，他提出，知识管理是企业面对非连续性的环境变化时，组织为了迎合环境变化，提高组织的适应性和竞争能力而采取的一种措施。本质上，它涵盖了组织的整个发展进程，并将对数据和信息的处理能力与企业创新能力进行有机的结合。

王兴成（1998）提出知识管理的概念：充分利用现代信息技术，尤其是网络和数字技术，不断地重塑企业的组织结构，培养有利的企业文化，对企业的隐性知识和显性知识、对企业知识活动的各环节——知识创新、存储、共享、交流、使用和增值，实行科学运作和有效管理，提高企业业绩和经济效益，把企业管理推向计算机网络化和知识网络化的崭新阶段[①]。王欣（2018）指出，知识管理是建立在企业信息管理基础之上的更高级的管理，它强调设计一种有效的制度安排，将信息与信息、信息与过程、信息与人联系起来，改变员工的思维模式和行为方式，构建知识共享与创新的企业内部环境，从而运用集体智慧提高创新和应变能力，最终实现企业的目标。宋萌（2017）认为，知识管理就是建立和运用知识管理系统，优化企业的组织结构，利用知识储备创造新的知识，将知识作为企业的无形资产和企业获取和保持核心竞争能力的根本，以知识支持企业科学决策。

知识管理的理念充分体现了经济增长方式从依靠劳动力和资金投入转向依靠科技进步和较高水平的人力资源的趋势。企业的研发活动日益活跃和受到重视，正是这种趋势的表现。知识创新是知识管理的目的，而知识管理又是知识创新的基础和手段。

（二）创新生态视角的企业知识管理

从生态学角度可以将企业看作一个知识生态系统。企业中存在为共同的战略目标努力、具有不同的知识和技能，并能够共享和利用知识资源的组织构成的知识种群。这些知识种群在企业中有不同的职能，如研发、市场、人力资源等，它们之间相互作用、相互影响，它们的集合及作用机制构成企业的知识群落。在企业中知识群落受到其他组织环境因素和企业外部环境因素的影响。组织环境包括人员素质、企业制度、企业文化、作业流程，外部环境因素包括产业环境、经济环境、政策法规环境、技术环境及社会文化环境等。知识群落和这两种环境组成

---

① 王兴成：《知识革命与知识经》，《科学学研究》1998 年第 3 期。

第四章 创新型企业研发支撑体系的生态结构分析

企业的知识生态，称为企业的知识生态系统，如图4-4所示。

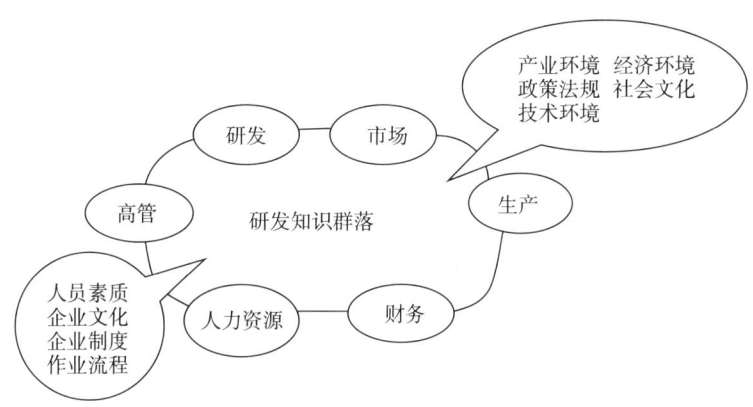

图4-4 企业研发知识生态示意图

根据知识生态系统模型，可以构造知识管理的DICE（Distribution Interaction Competition Evolution）研究框架，分为知识分布、互动、竞争、演化四个方面，如图4-5所示。

1. 知识分布

主要研究企业内各类知识种群的分布，分析这些分布如何对企业绩效产生影响。

研究知识生态的基础是企业内存在不同的知识种群且各知识种群在组织内形成一个稳定的分布。企业知识环境的静态结构是知识分布的研究对象，企业的知识分布状况可用知识强度和知识多样性来描述。

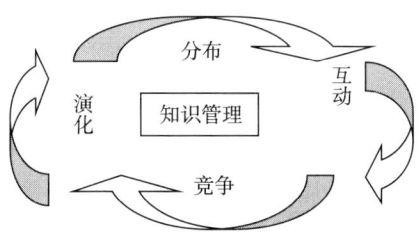

图4-5 知识管理的DICE模型

知识强度是指企业内部各类功能性知识的水平，这种水平是相对整个行业水准而言的。企业的各类功能性知识强度可能是不均衡的，部分知识强度在行业内较高，部分可能较低。所谓的企业功能性知识，是指基于企业内部分工，在价值链各环节所应具备的知识，如研发知识、市场知识、生产知识、人力资源管理知识等，每一项知识在企业知识生态中各自构成一个知识种群①。

生物多样性是对生物系统所有组织层次（如物种、种群、群落、生态系统等）中生命形式的多样化的统称，多样性是生态学中一个重要的指标，它体现了系统的总体的多样性和变异性。知识多样性分析企业内部不同知识种群（如研发知识、市场知识、人力资源管理知识等）的知识多样化的程度，及其对企业绩效的影响程度。Rulke（2000）的研究认为，企业的知识多样化程度会对企业管理决策的绩效产生影响②。Cummings（2004）用量化方法研究跨国公司的知识多样性，研究证明跨国公司的研发团队中的知识多样性会影响知识分享，进而影响研发团队的研发成果③。

2. 知识互动

研发知识生态的活力来源于不同知识种群之间的互动，这种互动表现为各种知识种群之间的知识的分享与交流。研发组织通过这种互动了解市场需求、企业战略、技术最新进展等，而其他支撑组织也通过这种互动获取了研发活动对本组织工作的支持。知识互动通过创新知识的共享和扩散提高企业知识的质量和价值。知识互动可分为企业内部的互动与企业外部知识种群的互动。

企业内部互动是指种群内各成员之间的互动及企业内不同知识种群之间的互动。如研发部门与市场部门互动，才能了解客户需求，以避免研发的盲目性。对于很多高新技术企业，淡化企业内的"工程师文化"，提升客户体验，要依靠这个互动的过程。同样，市场部门在塑造产品或品牌形象时，也可以从研发知识中寻找突破点，已完成一个高辨识度的定位。

企业内的知识种群不断与外部环境和外部的知识种群交流互动来获取新知

---

① 田庆锋、常镇宇：《基于生态范式的知识管理架构研究》，《科学管理研究》2006年12月。
② Rulke D. L. J., "Distribution of Knowledge, Group Network Structure and Group Performance", *Management Science*, 2000.
③ Cummings J. N., "Work Groups, Structural Diversity, and Knowledge Sharing in a Global Organization", *Management Science*, 2004.

识，如研发部门取得其他企业的专利授权等。企业与外部知识种群或环境的互动是组织外部的知识来源。

3. 知识竞争

知识种群将会为争取有限的知识资源而产生竞争，特别是当各知识种群间有着相似的知识需求，而知识又是排他和专有的。这种竞争不仅是对知识本身的争夺，还会表现为知识环境的竞争，种群会为各自掌握的知识资源争取优势地位和话语权。

在创新型企业内部，因为有企业制度和规范的约束，加之各职能部门有各自知识领域的分工，所以各知识种群一般不会产生知识资源的竞争，一般以合作式竞争为主。但是在一些跨国公司或实行事业部制的企业中，处于不同区域或不同事业部的同职能的知识种群之间也会发生知识竞争。

当企业面对外部的竞争对手时，通常的知识竞争是冲突式的。但是企业之间或企业和其他知识群落之间也不完全是冲突式知识竞争。例如，研发联盟、技术合作的关系中，知识竞争就表现为合作式竞争。因为存在知识的互补和研发上的合作，所以各知识种群之间产生了竞争性协同关系。

冲突式竞争中企业为了自身利益的最大化，要损害竞争对手的利益。比如企业间的专利诉讼等就是这种竞争的最明显体现。企业要注意用制度、规范等尽量避免企业内部的冲突式竞争文化，因为冲突式竞争会降低部门间的互信，阻碍知识的分享。

4. 知识演化

迫于外部的压力（如竞争、市场需求）和内在的动力（如创新精神、经济利益），知识种群不断产生新的知识，这就是知识演化。演化的结果会形成一个新的知识分布结构，造就一个新的知识生态。

面对迅速发展的技术环境，创新型企业的知识演化要持续进行。知识演化产生于企业自身的知识创造和企业与外部主体的合作，按照知识演化来源可以分为知识突变与知识互换。

知识突变是知识种群自身创造了新知识，并且基于新知识创造出了新物种（如新产品、新工艺等）。突变的过程可能将研发过程中的"意外"发现收集和保存下来，建立创新知识储备。

知识互换是由企业外部力量促成的知识演化，企业内的知识种群与企业外部知识种群之间进行知识交换或单向传递，使得双方或其中一方取得知识进步，比如企业加入研发联盟或者从外部引进先进技术等。

Zollo 等（2002）的研究认为，企业的知识演化存在循环过程。企业迫于外部压力创造新的知识，这种创造包括产生全新的知识，应包括对已有知识的整合、多角度利用等。新知识在企业中得到应用，并且通过学习机制在企业中被分享。之后企业又受到外部刺激和压力，又创造出新的知识和知识应用模式。如此循环往复，企业的知识就在这个循环中不断演化。总之，知识演化的驱动力量可以分为来自企业内部的知识突变力量，以及来自企业外部刺激的知识互换力量，这两种驱动力量使知识不断发生变异，提升知识的质量水平[①]。

五、创新型企业研发支撑体系与外部资源的接口

以上研发管理机制、研发投入、创新企业文化和研发知识管理都与外界环境有接口连接。企业的研发或多或少要与政府、科研院所、高校、创新平台、上下游企业、竞争企业等产生人力资源、信息、资金、物质的交换。这种交换是否有利于企业研发，是否有助于企业获得理想的创新绩效，关键在于接口的设置。由于本书关注的是企业内部的研发支撑要素，所以企业研发与外部资源的连接不在研究范围之内，在此不再加以详述。

第三节 本章小结

本章是本书的核心章节，主要分为两大部分。第一节从生态学角度对创新型企业研发支撑体系进行了分析。首先提出了企业内部技术创新生态系统的含义和构成，并且绘制了企业创新生态系统图，因为多数对企业创新生态系统的研究都是中观和宏观视角，侧重于企业外部主体的作用，对于研发活动的主体——企业

---

① Zollo M. and Winter S. G., Deliberate Learning and the Evolution of Dynamic Capabilities, *Organization Science*, 2002.

第四章　创新型企业研发支撑体系的生态结构分析

本身反而很少提及,所以本书对企业内部技术创新生态系统的研究是本书的创新点之一。其次将企业内部创新系统与生态系统进行了要素对照,对企业内部的创新要素都赋予了生态学含义。对企业内部与研发相关的各要素之间的关系也用生态学术语加以解释。最后,给出企业内部技术创新生态系统的特征。

第二节是创新型企业研发支撑体系的结构研究,绘制了企业研发支撑体系图。然后对研发支撑体系的各构成要素逐一进行了分析和研究,为研发支撑体系的管理机制(研发人力资源与激励管理、研发组织结构的设置、研发风险管理、研发决策机制)、研发投入、企业文化支撑、知识管理、研发支撑体系与外部资源接口。

第五章

创新型企业研发支撑体系有效性的实证研究

第一节 创新型企业评价

一、BP 神经网络分析法

关于创新型企业评价指标的选择方法，主要有层次分析法、多级模糊综合评价法和专家赋值法等。以上方法的缺点在于人为干扰因素较多，需要专家系统的支持，较难确定各指标的权重，以及在进行多层比较时不能保证指标的一致性。

BP（Back Propagation）神经网络分析法在 1986 年被以 Rumelhart 和 McCelland 为首的科学家小组提出，现已被广泛应用于机械、电子、人工智能领域。BP 神经网络是由输入层（Input）、隐层（Hide Layer）和输出层（Output Layer）组成的分层的神经网络，其中隐层可多层扩展。神经元将相邻两层连接起来，但同层的神经元是各自独立的，它们之间没有连接。BP 神经网络分析法是一种多层前馈网络，按误差逆传播算法训练，是目前被普遍接受的神经网络模型。BP 网络能学习和存贮大量的输入—输出模式映射关系，当一对学习模式输入网络时，各神经元获得网络的输入相应产生连接权值（Weight），按减小期望输出与实际输出误差的方向，从输出层经过各中间层逐层修正各连接权值，再回到输入层。它的学习规则是使用

第五章 创新型企业研发支撑体系有效性的实证研究

最速下降法,通过反向传播来不断调整网络的权值和阈值,使网络的误差平方和最小[①]。在已经建立创新型企业评价指标体系的基础上,利用 BP 神经网络法可以求得各评价指标的权重,同时可利用调研数据对创新型企业各指标综合评分[②]。

二、创新型企业评价指标体系

根据第二章的研究,现有文献对于创新型企业的界定如表 5-1 所示。

表 5-1 创新型企业的界定

角度	国外学者的定义	国内学者的定义
创新绩效	曼彻斯特商学院(1989)的定义:所谓创新型企业,是指那些具有持续的创新能力,能够在变幻莫测的环境中以不断的管理、技术、营销、执行等一系列创新行为,成功应对市场经济的机遇和挑战,并最终取得持续性生存和发展的企业	王宇(2007)的定义:创新型企业指具有完善的技术创新体系和机制的持续技术创新,并由此取得显著技术创新成果,有活力的现代企业。创新型企业作为新兴的企业类型,它将企业技术创新能力、生产、销售视为创新型(试点)企业竞争和发展的主要元素,改变企业投入及收益模式
	Lumpkin 和 Jenings(1996)的定义:如果一个企业开发新产品或开发新市场的数目超过整个行业的平均数,那么这个企业就可以被称为创新型企业	科技部、国资委和总工会三部门(2006)的定义:创新型企业是在技术创新、品牌创新、体制机制创新、经营管理创新、理念和文化创新等方面成效突出的企业,同时是拥有自主知识产权的核心技术、知名品牌,具有良好的创新管理和文化,整体技术水平在同行业居于先进地位,在市场竞争中具有优势和持续发展能力的企业
	Kumpe 和 Plet(1994)的定义:创新型企业在其所涉及的领域内持续不断地寻求新的突破,从而降低成本、提高质量、增强灵活性,最终将价格、质量、性能各方面都很突出的产品提供给市场	李学勇(2006)的定义:创新型企业主要是指那些拥有自主知识产权和知名品牌,具有较强国际竞争力,依靠创新实现持续发展的企业。这些企业把创新作为根本战略,注重技术创新、机制创新、管理创新和文化创新
		张居营、孙晶(2017)提出技术创新对企业价值的贡献大于人力资本和物质资本的贡献,技术创新是创新型企业价值创造的核心动力

---

① Higgins J. M., McAllister C., Want Innovation then Use Cultural Artifacts that Support it, Organizational Dynamics, Vol. 31, 2002, pp. 74-84.
② 祝爱民、刘盈君、徐英杰:《创新型企业评价体系研究》,《科学学研究》2009 年 12 月。

续表

角度	国外学者的定义	国内学者的定义
创新能力	经合组织（OECD）（2005）的定义："在调查期间内已经实现了创新的企业"或"至少实现了一项创新的企业"	官建成、王军霞（2002）认为，有两个标准判断一个组织是否为创新型企业：一是创新能力是否是组织的核心能力；二是组织的创新制度的创新的投入、创新的产出和执行情况等指标是否处于较高水平
	Brown 和 Karaguzulo（2001）的定义：那些实施产品创新并承担了其过程风险的企业就是创新型企业。并同时指出，创新是企业发展的核心动力，创新是创新型企业的重要标志	罗长刚对创新型企业的定义：创新型企业是指专门从事技术创新，或者以其拥有自主或完全知识产权的产业化为主营业务的企业，且创新型企业在新经济时代，多以高新技术领域的中小企业形式出现
	Jenings 和 Lumpkin 的定义：若一个企业开发新产品或开发新市场的数目超过整个行业的平均数，那么这个企业就是创新型企业	吴运建、孙成访（2009）的定义：从创新型企业所包含的内容来看，只要创造出本企业自身没有的东西就是一种创新，既可以是技术创新、组织创新、制度创新、文化创新，也可以是商业模式创新、管理创新、服务创新、市场创新等
		马永红等（2007）认为，创新型企业就是指那些以创新为动力、以市场为导向、以技术为核心，以拥有自主知识产权和自主品牌为特征，实现持续不断经济增长、拥有较强的企业持续创新能力的企业
		李维胜（2011）认为，创新型企业是以产品创新为中心，以工艺、技术、管理和组织创新为保证的建立持续技术创新机制体系的企业。创新型企业具有技术创新的能力和资源，并且企业的生存发展强烈依赖于技术创新成果的出现
		牟宗艳（2005）认为，创新型企业，应该是集原始性创新能力、集成创新能力和引进消化吸收再创新能力于一体的企业，应该拥有一批处于国际领先水平的专利技术，应该有一个良性的科技创新体制，应该有一支善于创新的人才队伍，应该在一些重点难题上有所跨越

第五章　创新型企业研发支撑体系有效性的实证研究

续表

角度	国外学者的定义	国内学者的定义
企业文化	彼得·德鲁克（1980）的定义：创新型组织就是把创新精神制度化而逐渐形成的一种创新习惯。这些创新型组织都是以组织为单位进行创新，即把一大群人组织起来从事持续性的创新，使他们有组织地将"变革"转变为"规范"	夏冬（2003）等的定义：创新型企业是以不断创新为主导思想，以新产品的不断开发、原有产品功能的不断改进，或工艺设备的不断改善为主导策略的企业 李芊（2016）等认为，创新型企业的企业文化是将创新转化为内在动力
企业文化	Pak Tee Ng.（2004）的定义：创新型企业是指其成员系统地组成一个紧密联系的整体，通过把创新作为日常工作的一部分来不断更新、完善整个组织	陈春明、金大伟（2007）的定义：创新型企业是指以不断的创新观念和企业文化为导向，以优良的企业创新活动为支撑，以自主研发或消化、吸收、再创新为手段，以创新成果的转化利用为创新目标，以不断创新作为激发企业持续发展的核心竞争力的新型企业或企业集团
企业文化	布鲁斯·努斯鲍姆（2006）认为，在知识经济背景下，只有那些具有新思维、新理念的企业才能够创造出满足消费者需要，甚至具有超前意识的新产品，而只有拥有创新基因，已经建立企业快速发展理念企业文化的企业才能称为创新型企业，因为这种企业的创新成功率极高，所以它总能击败对手	
企业行为	Jan Fagerberg等（2008）的定义：创新型企业就是在把有价值的技术变革成果转化成商业化产品的过程中，推动形成新产品、新市场、新产业和新增长的企业	黄品奇（2002）的定义：创新性企业就是以企业内部各项创新活动为发展的原动力，通过企业自身知识和能力的逐步积累和应用，重组企业内部资源及外部社会资源创造出新价值的企业
企业行为	Michael Best（2001）的定义：创新型企业借助的是市场机会与技术创新之间的互动关系，对市场做出快速的反应，正是企业的技术创新能力以及市场动态过程的互动反馈滋生和培育了创新型企业	陈永星等（2007）把创新型企业定义为：以创新为基本指导思想，以企业建立的创新体系为基础，以自主知识产权为核心，以持续自主创新为手段，以获取超额利润、实现企业持续发展为目标的企业
企业行为	Joe Tidd（2004）的定义：那些以创新改进业务流程、创造产品差别化和服务差别化的企业被称为创新型企业，创新型企业在盈利能力、成长率、市场份额、市值等方面都超过竞争对手	陈斌（2010）认为，创新型企业是以创新价值观为核心，整合一切可利用的创新资源，以实现技术创新为主，兼顾战略、文化、组织与流程等方面全面协同创新，从而赢得持续竞争优势的企业

考虑到问卷调查的便利,我们将创新文化与创新能力合并,给出了如表5-2所示的创新型企业评价指标体系。

表5-2 创新型企业评价指标体系

一级指标	二级指标	三级指标
创新盈利能力 X1	ROA（资产收益率）X11	企业3年平均利润 X111
		企业3年平均资产 X112
	市场占有率 X12	市场占有率 X121
	创新产品销售额占比 X13	创新产品销售额占比 X131
持续创新能力 X2	研发投入 X21	年研发经费总额 X211
		研发强度 X212
	研发人力资源 X22	本科以上员工占比 X221
		研发人员占比 X222
	创新企业文化 X23	管理层的创新意识 X231
		员工的创新意识 X232
创新合作 X3	内部创新合作 X31	员工知识分享 X311
		研发组织合作 X312
	外部创新合作 X32	与科研机构高校的合作 X321
		从区域或行业创新平台获得知识 X322
		与竞争企业的合作 X323
		与产业链上下游企业的合作 X324

三、创新型企业的综合评价

本书在深入研究创新型企业特点的基础上,应用三层BP神经网络来建立创新型企业评价模型。

（一）指标的基本数据标准化

指标的基本数据标准化是为了企业创新评价的需要将指标类型划分为正向指标（数值越大越好）和反向指标（数值越小越好）两种类型。对这两类指标进行标准化转化,将各个指标的基本数据变换到区间 $[0, 1]$ 内。

第五章 创新型企业研发支撑体系有效性的实证研究

对于正向指标,标准化所采用隶属函数为:

$$R_i = \begin{cases} 1 & (X_i \leqslant Min_i) \\ \dfrac{Max_i - X_i}{Max_i - Min_i} & (X_i \in D_i) \\ 0 & (X_i \geqslant Max_i) \end{cases} \quad (5-1)$$

对于负向指标,标准化所采用的隶属函数为:

$$R_i = \begin{cases} 1 & (X_i \geqslant Max_i) \\ \dfrac{X_i - Max_i}{Max_i - Min_i} & (X_i \in D_i) \\ 0 & (X_i \leqslant Min_i) \end{cases} \quad (5-2)$$

其中,R_i为目标值X_i的满意度,$D_i = [Min_i, Max_i]$为第i个评价指标的值域,Min_i和Max_i分别表示评价指标X_i的最小值和最大值。

(二) 确定BP神经网络参数

根据表5-2的创新型企业评价指标体系,确定各神经网络的参数,如表5-3所示。对于隐含层的层数只有1的神经网络,只要隐含的节点数足够多,就能以任意的精度逼近于一个非线性函数[1],因此,选取隐含层的层数为1。隐含层的神经单元数可以自行设定,设定的规则如下:隐含层的神经元数目应大于等于输入层与输出层的神经元数和的1/2,小于或等于输入层和输出层神经元数之和[2]。

表5-3 创新型企业评价各神经网络参数表

输入层神经单元数	输出层神经单元数	隐含层层数	隐含层神经单元数
16	1	1	8

(三) 初始权值的赋值

初始化BP神经网络的连接权值$W_{jk}(0)$和神经元阈值$\theta_j(0)$,$W_{jk}(0)$和

---

[1] Hema Rao, A. Lexey G., Inductive Leaning Algorithms for Complex System Modeling, CRC Press, Inc., 1994.

[2] Artificial Neural Networks ICANN 2001: International Conference, Vienna, Austria, 2001, pp. 21–25.

$\theta_j(0)$ 为足够小的非零的随机数,节点的初始净输入值应在零点附近,使网络学习的速度加快。

(四)输入学习样本

对于每个学习样本,样本模式特征值矩阵 R_p(R_{p1},R_{p2},…,R_{pj},…,R_{pn};p=1,2,3,…,P)是由创新型企业评价指标体系中的三级指标构成的。

(五)计算各样本的隐含层和输出层

各单元实际输出值对于隐含层有:

$$Q_{pj} = f(net_{pj})(p, j=1, 2, \cdots, m) \quad (5-3)$$

$$net_{pj} = \sum_{i=1}^{n} V_{ij} R_{pj}(i=1,2,\cdots,n; k=1,2,\cdots,l) \quad (5-4)$$

对输出层有:

$$Y_{pk} = f(net_{pk})(p=1,2,\cdots,l) \quad (5-5)$$

$$net_{pj} = \sum_{j=1}^{m} W_{jk} O_{pi}(j=1,2,\cdots,m; k=1,2,\cdots,l) \quad (5-6)$$

其中,Y_{pk} 为神经元 U_k 在第 p 个样本下的实际输出,net_{pk} 表示神经元 U_k 在第 p 个样本下的输出,$f(x) = 1/(1+e-x)$ 为 sigmoid 型函数,V_{ij} 为输入层神经元 U_i 到隐含层神经元 U_j 的连接权值,W_{jk} 为从隐含层神经元 U_j 到输出层神经元 U_k 的连接权值。

(六)调整权值和阈值

自输出层开始,按下列各式反向调节权系数值和神经元阈值:

$$W_{k(t+1)} = W_k + \eta \delta Y_{pk} + \alpha(W_{k(t)} - W_{k(t-1)}) \quad (5-7)$$

$$W_{jk(t-1)} = W_{jk(t)} + \eta \delta_k O_{pj} + \alpha(W_{jk(t)} - W_{jk(t-1)}) \quad (5-8)$$

$$\theta_{(t+1)} = \theta_{(t)} + \eta \delta + \alpha(\theta_{(t)} - \theta_{(t-1)}) \quad (5-9)$$

$$\theta_{k(t+1)} = \theta_{k(t)} + \eta \delta + \alpha(\theta_{k(t)} - \theta_{k(t-1)}) \quad (5-10)$$

其中,$\eta \in (0,1)$ 表示计算单元的学习效率,$\alpha \in (0,1)$ 为惯性系数,t 为调整次数,δ 和 δ_k 分别为输出层的输出单元和隐单元层的第 k 单元的输出误差,有:

$$\delta = Y_{pk}(1 - Y_{pk})(T_{pk} - Y_{pk}) \quad (5-11)$$

$$\delta_k = Y_{pk}(1 - Y_{pk})\delta W_k \tag{5-12}$$

其中，T_{pk}为创新型企业评价神经网络的神经元U_{pk}在第 p 个样本点下的理想输出。

(七) 计算E_p和 E

$$E_p = \frac{1}{2}\sum_{k=1}^{l}(T_{pk} - Y_{pk})^2 \tag{5-13}$$

$$E = \frac{1}{2}\sum_{k=1}^{l}(T_k - Y_k)^2 \tag{5-14}$$

判断指标是否满足精度要求，如果 E≤ε，ε 为给定的收敛值，则学习结束，否则转到第 6 步，直至 E≤a 或学习的次数达到规定的次数为止。

因此，对创新型企业的界定过程就是将创新型企业评价指标的实际值经输入层输入网络，BP 网络利用调整好的权值进行运作，最后的输出值就是创新型企业的综合评价值[①]。本书设定创新型企业为综合评价值高于 0.4 的企业，在回收的问卷中有 122 份的综合评价值高于 0.4。

第二节　创新型企业研发支撑体系有效性评价指标体系的构建

一、指标体系构建的原则

(1) 科学性原则。创新型企业研发支撑体系有效性评价的内容必须符合市场经济规律和建立现代企业制度的要求，研究分析要采用科学、适用的方法。

(2) 全面性原则。即构建创新型企业研发支撑体系有效性评价指标体系要具有全面性。企业研发支撑体系是一个系统，它包括多个元素，如研发支撑的管理机制、研发资金投入和硬件建设、企业文化支撑及研发支撑的知识管理等。对

---

① 胡珑瑛、蒋樟生：《基于 BP 神经网络的创新型企业评价研究》，《软科学》2008 年 2 月。

这样的系统进行评价，应涉及较多的信息，涵盖较广泛的范围，即要准确、全面地将系统描述出来。

（3）可比性原则。评价时采用的指标应具有可比性，以便确定创新型企业研发支撑体系中各要素的有效性强弱，评价指标体系的设置应与企业实际运营指标统一，评估指标所需要的数据应是易于采集的。指标体系要简单明了、易于操作，并且指标数目不宜太多，以满足统计方法的需要。

（4）可操作性原则。即评价指标体系要兼具科学性和可操作性。评价方法应尽可能简单易行，不应该过于复杂或技术性过强，力求被大多数项目评价的实际工作者接受。

（5）定量分析和定性分析相结合原则。构建的研发支撑体系有效性评价指标体系要充分考虑指标容易取值，以及各定性指标的量化问题，即要在定性分析的基础上进行定量的分析。因为定量分析可以控制主观随意性，应尽可能采用；但是定性分析和判断也是必不可少的，特别是在做辅助分析的时候。因此指标的选取要做到定量和定性相结合。

（6）层次性原则。即构建研发支撑体系有效性评价指标体系要具有一定的层次性。评价指标体系应避免在演变过程中变得越来越庞杂，同时应赋予评价主体一定的灵活性。

（7）目的性原则。此指标体系是针对我国创新型企业设计的。我国创新型企业具有自己的特点，如创新型的企业文化具有持续的创新资源投入和整合能力、创新绩效明显、具有持续的创新能力、创新成果对行业和社会具有辐射带动效果等。因此，在设计选取指标时务必做到有的放矢，才能更好地反映出创新型企业的这些特点。

二、问卷设计

（一）问卷设计的原则

本书的研究数据来自于问卷调查，问卷被广泛运用于社会调查、经济调查和市场调查等各个领域。问卷调查法具有简便、灵活等特点。问卷是一种以书面形式连接被调查对象的反应和看法，并以此获得信息和资料的载体。问卷调查能够帮助研究人员直接获得所需的第一手资料。调查问卷的设计是否合理、科学直接关系到实证研究结论的可靠性。

一份设计科学完整的问卷可以大量节省调研过程中的人力、物力、成本和时间，提高信息搜集的效率。设计合理的问卷能够全面地搜集资料，准确反映问题，而准确系统的信息又有利于对资料的统计处理和定量分析。

问卷设计要遵循以下原则：①问句标准规范，定义清楚，用词不会产生歧义，表达简洁易懂；②问卷的内容与主题和框架相呼应；③尊重被调查者，避免敏感性问题，不侵犯个人隐私；④被调查者回答题目时不会受到其他题目的影响和引导；⑤合理搭配开放性问题和封闭性问题；⑥预调查是必要的[①]；⑦注重问卷回收的可行性。

由于本书针对创新型企业研发支撑体系有效性的评价体系是多方面的，在问卷的结构安排上要采用多问项的形式来测度每个支撑要素。多问项形式有助于提高问卷的信度和效度[②]。对于研发支撑的五个要素分别设计量表，力求全面表述研发支撑体系的各个方面。

为了使评价结果尽可能接近事实，保证问卷的质量，在设计问卷时要借鉴已有的相关文献。因为这些问卷已经被验证过，信度和效度较高。在现有的文献中尽可能寻找和选择与本书研究领域直接相关的问卷量表，然后综合各文献的问卷，对照本书的研究主题筛选出相应的问题，同时做了适当调整。但是因为本书的研究范围和角度具有创新性，对于其他文献中没有对照的问题，笔者自行设计了量表。

(二) 问卷设计步骤

问卷设计的目的是为了全面地收集信息，所以在问卷设计时首先要把调研的目的和要求放在第一位，同时考虑到被调研者对问卷的理解能力和配合度，毕竟能够回收的问卷才有价值。整个过程具体分为以下步骤：

1. 根据调研目的，寻找相关文献回顾并做出选择

问卷调查是一种定量调查的方法，但是创新型企业研发支撑体系的有效性评价涉及的要素较多，其中很多内容并非量化数据，需要在问卷设计的过程中将其

---

① 荣泰生：《SPSS 与研究方法》，五南图书出版公司 2006 年。
② Churchill Jr G. A., A Paradigm for Developing Better Measures of Marketing Constructs, Journal of Marketing Research. Vol. 1, No. 16, 1979, pp. 64–73.

转化为量化的变量。这个转化的过程需要一定的技巧和经验,参考已有的文献不失为一种高效率的方法。本书写作前参考了很多成熟的量表,在和本调查的主题吻合的基础上,将其纳入调查问卷。

2. 征求专家学者、企业研发人员和其他管理人员的意见

从文献中总结出的评价指标,能否用于本书研究的课题,还需要听取专家学者和企业界人士的意见。首先和笔者的导师、老师进行沟通,确定了问卷的框架结构。其次请教企业的管理人员特别是研发管理人员、研发人员,根据他们的建议对问卷问题在用词、表达以及结构安排等方面进行了修改,形成问卷的初稿。

3. 预调研,最终定稿

为了保证问卷的效度,需要对问卷进行小样本的预调研。根据预调研数据分析的结果,我们对问卷进行了调整,形成了最终的正式问卷。最终的正式问卷有更加明确的指向调查主题,更易于被调查人员理解,能够较全面地反映创新型企业研发支撑体系的有效性。

(三) 变量的选取及测度

本书所涉及的一些评价指标本身不是数量指标,有些指标虽然存在定量的测度指标,但可能涉及企业的商业秘密或不愿公开的信息。因此本书一般用李克特五级量表打分法对评价指标进行测度,以下是对各个评价指标的描述:

1. 被解释变量

企业创新绩效指标,表示创新型企业获利能力的是资产报酬率。

资产报酬率(ROA) =利润总额/资产总额

另外,设定一个采用李克特五级量表打分的变量"企业效益",便于不能精确获取财务数据的被调查者对企业创新绩效进行评价。

2. 解释变量

(1) 创新型企业研发支撑的管理机制。首先是有关研发人力资源和激励的指标,常用指标有人力资源质量(HRQ)。人力资源是创新型企业最重要的研发资源。一般来说,高学历的人才因其知识储备和创新训练是创新型企业研发活动

第五章　创新型企业研发支撑体系有效性的实证研究

的主要决策者和执行者。所以，本书的创新型企业人力资源结构质量用大学本科学历以上的员工人数在总员工数中的占比来衡量。计算公式如下：

HRQ = 大学本科以上员工人数/总员工人数

另外，作为研发支撑体系的主要人力资源——研发人员，其在创新型企业中所占的比例，也是重要的指标，即研发人员占比：

研发人员占比 = 研发人员人数/总员工人数

创新型企业要保持持续创新能力，前提是研发中最重要的资源——人力资源要跟随持续创新的要求。在知识更新换代极快的今天，通过适当和及时的培训，提升研发员工的研发能力和对技术发展趋势的判断力是很有必要的。所以"企业用于员工培训的投入很高"可以作为衡量企业培训投入的指标。

"企业研发人员配备数量充分"这一问题，同样凸显了研发人力资源的重要性。

"企业研发人员的素质符合研发工作的需要"从人力资源质量角度考查其对研发的支撑。

"企业的创新激励机制完善"和"员工对研发决策的参与度很高"两个问题体现了研发人员激励对研发活动的支撑。

"企业有灵活的研发组织结构"和"现有的研发组织之间能够协调合作"是描述创新型企业研发组织的问题。

对创新型企业研发支撑的管理机制的有关问题总结如表5-4所示。

表5-4　创新型企业研发支撑的管理机制量表

企业用于员工培训的投入很高（A11）
企业研发人员配备数量充分（A12）
企业研发人员的素质符合研发工作的需要（A13）
大学本科以上学历人员占比（A14）
研发人员占比（A15）
企业的创新激励机制完善（A2）
员工对研发决策的参与度很高（A3）
企业有灵活的研发组织结构（A41）
现有的研发组织之间能够协调合作（A42）

（2）创新型企业研发资金投入和硬件建设。"企业生产、研发设备在行业中

位于先进水平""金融机构对企业支持力度很强"和"企业研发资金投入充分"分别从硬件设施和资金支持的角度考查了研发支撑体系对研发的支持力度。

Sougiannis（1994）和 Deng、Lev 和 Narin（1999）在研究中都曾采用研发强度表示企业的研发投入，研发强度（RDS）是普遍被用来代表企业研发投入程度的指标。本书也采用了此变量：

研发强度（RDS）= 研发支出/主营业务收入

对以上问题总结如表 5-5 所示。

表 5-5 创新型企业研发资金投入和硬件建设

企业生产、研发设备在行业中位于先进水平（B1）
金融机构对企业支持力度很强（B2）
企业研发资金投入充分（B31）
研发强度（B32）

（3）创新型企业研发的企业文化支撑。"企业的管理层具有先进的创新理念和意识"及"企业员工普遍具有创新意识"从企业文化角度考查其对研发的支撑程度。总结为如表 5-6 所示。

表 5-6 创新型企业研发的企业文化支撑

企业的管理层具有先进的创新理念和意识（C1）
企业员工普遍具有创新意识（C2）

（4）创新型企业研发支撑的知识管理。"企业现有的知识储备能够满足研发的需要"这一问题考查的是企业现有静态的知识储备对研发的支撑。"企业的信息化程度很高"体现了企业对研发相关知识的传递和交流的效率，信息化程度越高，越有利于企业内部创新生态系统内的信息流动。企业能否很好地利用研发成果，创造出的企业经营绩效是企业知识管理的核心内容，所以"企业能够有效利用研发成果"这一问题是很有必要的。"企业注重对知识产权的保护"，是对研发成果的保护，同时也使研发成果有了很好的传承和储备，是对研发活动的回应。"员工经常共享研发经验和信息"凸显了创新生态系统内的信息流动。对以上问题总结如表 5-7 所示。

第五章 创新型企业研发支撑体系有效性的实证研究

表5-7 创新型企业研发支撑的知识管理

企业现有的知识储备能够满足研发的需要（D1）
企业的信息化程度很高（D2）
企业能够有效利用研发成果（D3）
企业注重对知识产权的保护（D4）
员工经常共享研发经验和信息（D5）

（5）创新型企业研发支撑体系的外部接口。创新型企业研发支撑体系的外部接口体现了创新型企业的研发体系并非封闭式的，而是与企业外部互联互通的。高效率的研发支撑体系随时可以通过各种方式从企业外部获取到资源和信息的支持。同时企业的研发支撑体系中已经研发的活动，也可以向企业外部提供相应的资源和信息。双方产生双向的交流融通。所以，虽然本书研究关注与企业内部的研发支撑体系，但同时不可能忽略其与外界的接口。

"政府机构对企业支持力度很强"这一问题之所以重要，是因为在我国，政府掌控大量的资源，比如资金、知识、人力资源等，企业如果得到政府的政策倾斜，对企业的研发支持力度将是十分明显的。"企业可以从区域或产业创新平台中获取有价值的信息"，反映了企业与各类创新平台之间的互动，重点是企业能否从平台中获益。"企业研发注重与科研机构和高校"的合作，体现的是产学研联合研发对企业研发的支撑。"企业研发注重与竞争者的合作"，是在当下研发联盟，虚拟企业概念盛行的时候，企业与竞争者的研发合作被证明在一定范围内是必要和有效率的。"企业研发注重与客户或供应商的合作"，是企业与产业链上下游的研发合作。

对以上内容总结如表5-8所示。

表5-8 创新型企业研发支撑体系的外部接口

政府机构对企业支持力度很强（E1）
企业可以从区域或产业创新平台中获取有价值的信息（E21）
企业研发注重与科研机构和高校（E22）
企业研发注重与竞争者的合作（E23）
企业研发注重与客户或供应商的合作（E24）

（6）控制变量。企业的研发活动与企业规模、企业的所有制形式、企业发展阶段等因素联系密切，但是这些变量和企业研发活动的关系并非本书研究的对象，所以它们属于与研究目标无关的非研究变量。但这些变量确实会影响研究结

果，所以对此也要加以考虑。因此，本书将这些变量作为控制变量纳入回归模型中。本书选择了五个控制变量，分别是企业所有制形式、所属行业、企业规模、企业员工人数以及企业发展阶段。

在我国，不同所有制形式的企业在研发支撑体系以及创新绩效之间存在很大的差异。主要原因在于国有大中型企业更容易取得政府在研发技改方面的投资和政策支持，而民营企业对市场更为敏锐，同时也会受到投资方的制约。因此，本书将企业的所有制形式当作控制变量。企业规模直接影响着企业的研发投入和研发决策，规模较大的企业的研发投入、研发人员的绝对值比小企业更大，有很多研发活动的资源投入和研发成果之间并非线性关系，它们需要相应规模的投入，这些只有规模较大的企业才能做到。当然，规模大的企业难免会存在各部门的协调和合作的问题，这会对研发支撑体系的有效性产生负面影响。也有学者认为，小规模的企业具有特别的创新动机和优势，比如决策更加快捷灵活、对于破坏性创新成果的采用的内部阻力较小等。还有人认为，企业规模和创新绩效之间的关系存在拐点。所以，把企业规模纳入控制变量，研究企业规模对企业的研发活动和创新绩效的影响程度，也是有意义的。

企业所处的发展阶段会影响企业的研发，一般认为随着企业的年龄增长，企业会出现组织臃肿、活力下降等现象。同时形成研发路径依赖，如果没有很强的外部刺激，企业很容易满足自己在行业中所处的地位，失去创新的内在驱动力。当然企业因为某些创新动力的影响也会主动或被动地突破原有的研发路径，展现出新研发形态。还有企业因为清醒地认识到企业历史对研发的负面影响，主动采取再创业的策略，使企业重新获得创新活力。

一般来说，不同行业的技术创新的表现会有所差别，不同行业的研发投入产出比例、研发周期、研发路径都有很大区别。所以本书意识到了行业分析对企业的研发绩效的影响，将行业作为控制变量纳入模型中。

本书对控制变量的选取和赋值情况为：

企业性质用"1. 国有或国有控股企业；2. 民营企业；3. 中外合资企业；4. 外商独资企业；5. 其他"表示。

企业员工人数用"1. 300 人以下；2. 300～2000 人；3. 2000 人以上"表示。

企业规模在行业中的规模用"1. 小型；2. 中型；3. 大型"表示。

企业所属行业 1～9 分别代表不同的行业——软件、电子及通信设备制造、生物制药、新材料、机械制造、化工、新能源、环保、其他行业。

第五章 创新型企业研发支撑体系有效性的实证研究

企业所处阶段 1~5 分别是：创业阶段：企业成立不满 3 年，效益不太稳定；发展阶段：企业产品结构尚未固定，企业效益增长较快；成熟阶段：产品结构基本稳固，企业效益平稳，抗风险能力较强；衰退阶段：产品市场收缩，企业效益明显下降；再创业阶段：产品结构调整，原有产品市场萎缩。

这些变量都作为控制变量处理，如表 5-9 所示。

表 5-9 控制变量

控制变量	赋值
企业性质	1. 国有或国有控股企业；2. 民营企业；3. 中外合资企业；4. 外商独资企业；5. 其他
企业员工人数	1. 300 人以下；2. 300~2000 人；3. 2000 人以上
企业所属行业	1. 软件；2. 电子及通信设备制造；3. 生物制药；4. 新材料；5. 机械制造；6. 化工；7. 新能源；8. 环保；9. 其他行业
企业规模	1. 小型；2. 中型；3. 大型
企业所处阶段	1. 创业阶段：企业成立不满 3 年，效益不太稳定 2. 发展阶段：企业产品结构尚未固定，企业效益增长较快 3. 成熟阶段：产品结构基本稳固，企业效益平稳，抗风险能力较强 4. 衰退阶段：产品市场收缩，企业效益明显下降 5. 再创业阶段：产品结构调整，原有产品市场萎缩

第三节 创新型企业研发支撑体系有效性评价的数据收集与实证分析

一、样本选择

样本选择直接关系到实证研究的结果和有效性。因为本书的研究对象是创新型企业的研发支撑体系，对企业样本的选取是有范围限制的。在调研之前，就要对可能被调研的企业做出初步筛选。当然，选取样本时还要受到很多客观因素的影响和限制。本书在样本选取方面的做法可以总结如下：

第一，本书发放问卷时侧重有创新能力的大中型企业以及以高新技术产业为主的中小企业。与其他企业相比，这类企业的研发活动更加活跃，拥有更多研发资源，如研发人员、研发硬件配备、研发资金等。这类企业在研发管理上的实践对于本书更有研究价值，它们的研发组织、研发知识管理、研发人员激励、研发风险管理、研发组织文化等方面的表现和动态正是本书研究的重点。

不同行业的研发活动表现出不同的状态，其研发支撑体系的有效性也不尽相同。为了将不同行业的企业加以区分，以此增强研究结论的准确性和科学性。本书问卷发放的样本企业主要有软件、电子及通信设备制造、生物医药、机械制造、新材料、化工、新能源、环保等高新技术企业。收回问卷的大多数企业都从创新业绩、企业文化、创新能力等方面凸显了创新型企业的特征。

第二，根据数据取得的可能性选择样本企业，因为能力和时间所限，本书选取样本的方式难以采用随机抽样，采用的是就便抽样。主要通过笔者及导师的社会关系直接寻找被调研企业，或者通过在研究机构、企业的亲友间接寻找到愿意填写问卷的企业管理者。

第三，样本属性的多样化。虽然问卷采用就便抽样法，但调研也尽量选取在企业所有制形式、规模、所处发展阶段、行业、员工人数等方面具有代表性的创新型企业。这样才能尽可能保证研究结果的适用性和科学性。为了客观地反映创新型企业研发支撑体系的有效性，控制变量包括了企业所有制形式和本企业所处发展阶段等。在问卷发放时注意不同规模、企业所处阶段、行业以及所有制形式等企业之间的分布，以使得研究成果具有较强的代表性。

为了本书的研究，通过各种渠道共发放了500多份问卷，回收的有效问卷为122份。

二、研究主要分析方法

在取得了一定数量有效问卷的基础上，笔者使用SPSS18.0统计分析软件进行建模和数据分析。本书采用的具体分析方法有以下几种：

（一）描述统计分析

统计分析首先要了解数据的基本特征，利用SPSS进行描述统计分析，可以方便地掌握数据整体状况，比如表示数量的中心位置和表示数量的变异程度（或

第五章 创新型企业研发支撑体系有效性的实证研究

称离散程度)。通常会采用频率、算术平均值、众数、中位数、百分比、有效百分比等表述一组样本的特征或样本的各变量之间关联的特征。本书利用 SPSS 描述了样本企业的所有制形式、规模、行业、员工人数、所处发展阶段等基本情况,给出了各变量的频率、百分比、有效百分比等情况。

(二) 信度和效度检验

信度检验指标 Cronbach's α 系数,可较好地反映分析结果的稳定性和一致性,是目前社会科学研究最常使用的信度分析方法。一般探索性研究,Cranbach's α 系数在 0.6 以上,基准研究在 0.8 以上,通常情况下 Cranbach's α 系数在 0.6 以上,就可以被认为可信度较高。这是根据 Nunnally (1978) 的概念所确定的。

效度 (Validity) 即有效性,这种研究方法表示测量方式能否如实准确测出所需测量或衡量的标的,以及真实准确的程度。效度指标越高说明测量结果与实际情况越吻合,衡量越准确。效度分为三种类型:内容效度、准则效度和结构效度。针对本书问卷实际情况,本书的分析主要应考察内容效度和结构效度。因为本书的问卷量表通过借鉴现有文献中相对成熟的量表而形成,并且通过预调查进行了完善,由此基本可以认定,量表内容的效度较高,也就是说,可以确定本书所使用的量表内容效度较高。

效度分析中采用因子分析考查结构效度是非常理想的。采用主成分分析法分析前必须先做 KMO (Kaiser - Meyer - Olkin) 检验和 Bartlett 球形检验 (马庆国,2002),分析主成分分析的适宜性。KMO 用于比较变量间简单相关系数和偏相关系数,通过 KMO 样本检测的结果可以判断各变量的数据是否适合做因子分析。KMO 值越大,因子分析的相关性越强,越适合做因子分析,并且因子分析的结果越好。一般的判断如表 5-10 所示。

表 5-10 KMO 检测结果判断

KMO 值	判断
>0.90	很适合做因子分析
0.80~0.90	比较适合做因子分析
0.70~0.80	适合做因子分析
0.60~0.70	不太适合做因子分析

Bartlett 球形检验的统计值显著,则说明适合进一步进行因子分析 (马庆国,2002)。

(三) 回归分析

回归分析 (Regression Analysis) 是一种确定两个或两个以上变量的相互依赖的统计相关关系的一种数理统计方法。利用回归分析可以找出自变量和因变量之间的数学关系，并且给出相应的数学模型。因为企业的研发绩效是与多个研发支撑要素相联系的，所以本书采用多元线性回归分析。

三、描述性统计分析

文本的数据获取采用问卷调查方式，回收的有效问卷122份。本书的样本企业大多数为高新技术企业。有效样本中的企业属于软件、电子及通信设备制造、生物医药、机械制造、新能源、新材料、环保等领域。本书的样本企业在经济性质、企业规模、企业所处阶段等方面分布都比较广泛，样本企业具有较好的代表性。

(一) 样本企业的行业分布

样本企业的行业分布如表5-11所示。从表5-11中可以看出，有效问卷多代表的企业属于机械制造、软件、电子及通信设备制造和生物制药行业的较多。从行业分布来看，有效问卷覆盖的行业比较均匀，大多属于高新技术行业。

表5-11 样本企业的行业分布

	行业	频率	百分比 (%)	有效百分比 (%)
有效	软件	23	18.9	18.9
	电子及通信设备制造	19	15.6	15.6
	生物制药	13	10.7	10.7
	新材料	9	7.4	7.4
	机械制造	24	19.7	19.7
	化工	12	9.8	9.8
	新能源	3	2.5	2.5
	环保	2	1.6	1.6
	其他	17	13.9	13.9
	合计	122	100.0	100.0

第五章 创新型企业研发支撑体系有效性的实证研究

(二) 样本企业的所有制分布

样本企业的所有制分布如表 5-12 所示。从表 5-12 中可以看出,有效样本中民营企业最多,国有或国有控股企业占到接近 20%,中外合资和外商独资企业加总占比 22.9%。

表 5-12 样本企业的所有制分布

		频率	百分比 (%)	有效百分比 (%)
有效	国有或国有控股企业	24	19.7	19.7
	民营企业	70	57.4	57.4
	中外合资企业	17	13.9	13.9
	外商独资企业	11	9.0	9.0
	合计	122	100.0	100.0

(三) 样本企业规模分布

样本企业规模分布如表 5-13 所示。从表 5-13 中可以看出,本书有效问卷代表的中小型企业居多,占比接近 80%。

表 5-13 样本企业规模分布

		频率	百分比 (%)	有效百分比 (%)
有效	小型	54	44.3	44.3
	中型	42	34.4	34.4
	大型	26	21.3	21.3
	合计	122	100.0	100.0

(四) 样本企业所处阶段分布

样本企业所处阶段分布如表 5-14 所示。从表 5-14 中可以看出,有效样本企业大多处于发展阶段和成熟阶段。

表 5-14　样本企业所处阶段分布

		频率	百分比（%）	有效百分比（%）
有效	创业阶段	16	13.1	13.1
	发展阶段	43	35.2	35.2
	成熟阶段	53	43.4	43.4
	衰退阶段	7	5.7	5.7
	再创业阶段	3	2.5	2.5
	合计	122	100.0	100.0

四、信度检验

在信度检验方面，Cronbach's α 系数是实证研究中非常常用的方法，本书利用 Cronbach's α 系数作为检验标准，将信度检验的临界值设定为 0.7（马庆国，2002），系数在 0.7 以下看作是没有通过信度检验。

检验结果如表 5-15 所示。

表 5-15　可靠性统计量

Cronbach's α	项数
0.828	25

因为 Cronbach's α 值为 0.828，大于临界值 0.7，所以通过了信度检验。

五、因子分析及效度检验

（一）创新型企业研发支撑的管理机制有效性的因子分析和效度检验

创新型企业研发支撑的管理机制有效性问卷问题包含研发人力资源和激励、研发组织、研发风险管理、研发决策管理四个维度。问卷填写者对问卷各个问题的评价最小值为 1，最大值为 5，分值越高，说明对企业的这项研发支撑要素的满意度越高。因子分析及效度检验结果如表 5-16、表 5-17 和表 5-18 所示。

第五章 创新型企业研发支撑体系有效性的实证研究

表 5-16 创新型企业研发支撑的管理机制有效性 KMO 和 Bartlett 的球形度检验

取样足够度的 Kaiser – Meyer – Olkin 度量		0.786
Bartlett 的球形度检验	近似卡方	256.731
	df	36
	Sig.	0.000

表 5-17 创新型企业研发支撑的管理机制有效性解释的总方差

成分	初始特征值			提取平方和载入			旋转平方和载入		
	合计	方差百分比(%)	累计(%)	合计	方差百分比(%)	累计(%)	合计	方差百分比(%)	累计(%)
1	2.898	32.195	32.195	2.898	32.195	32.195	1.785	19.832	19.832
2	1.621	18.016	50.210	1.621	18.016	50.210	1.668	18.534	38.366
3	1.160	12.892	63.102	1.160	12.892	63.102	1.600	17.775	56.141
4	0.875	9.721	72.823	0.875	9.721	72.823	1.162	12.906	69.047
5	0.702	7.801	80.624	0.702	7.801	80.624	1.042	11.578	80.624
6	0.555	6.164	86.788						
7	0.483	5.368	92.156						
8	0.358	3.976	96.132						
9	0.348	3.868	100.000						

注：提取方法：主成分分析法。

表 5-18 创新型企业研发支撑的管理机制有效性成分矩阵

	成分				
	1	2	3	4	5
A14		0.881			
A15		0.859			
A11			0.769		
A12	0.670				
A13	0.675				
A2	0.619				0.722
A3	0.691				
A41	0.611			0.538	
A42	0.773				

注：略去载荷小于 0.5 的条目的值。

创新型企业研发支撑体系研究

由表 5-16 可知，KMO 是 0.786，说明问卷有结构效度，可以进行因子分析。

（二）创新型企业研发资金投入和硬件建设有效性的因子分析和效度检验

创新型企业研发资金投入和硬件建设有效性问卷问题包含研发资金投入和研发硬件建设两个维度。问卷填写者对问卷各个问题的评价最小值为 1，最大值为 5，分值越高，说明对企业的研发支撑要素的满意度越高。因子分析及效度检验结果如表 5-19、表 5-20 和表 5-21 所示。

表 5-19　创新型企业研发资金投入和硬件建设有效性 KMO 和 Bartlett 的球形度检验

取样足够度的 Kaiser – Meyer – Olkin 度量		0.693
Bartlett 的球形度检验	近似卡方	9.252
	df	6
	Sig.	0.160

表 5-20　创新型企业研发资金投入和硬件建设有效性解释的总方差

成分	初始特征值			提取平方和载入		
	合计	方差百分比（%）	累计（%）	合计	方差百分比（%）	累计（%）
1	1.257	31.435	31.435	1.257	31.435	31.435
2	1.096	27.397	58.832	1.096	27.397	58.832
3	0.904	22.609	81.442	0.904	22.609	81.442
4	0.742	18.558	100.000			

注：提取方法：主成分分析法。

表 5-21　创新型企业研发资金投入和硬件建设有效性成分矩阵

	成分		
	1	2	3
B32			0.592
B1	0.732		
B2		0.682	0.664
B31	0.756		

注：略去载荷小于 0.5 的条目的值。

由表 5-19 可知，KMO 是 0.693，说明问卷有结构效度，可以进行因子分析。

第五章 创新型企业研发支撑体系有效性的实证研究

(三) 创新型企业研发的企业文化支撑有效性的因子分析和效度检验

创新型企业研发的企业文化支撑有效性问卷问题包含企业领导者具有创新意识和企业员工具有创新意识两个维度。问卷填写者对问卷各个问题的评价最小值为1,最大值为5,分值越高,说明对企业的研发支撑要素的满意度越高。因子分析及效度检验结果如表5-22所示。

表5-22 创新型企业研发的企业文化支撑有效性 KMO 和 Bartlett 的球形度检验

取样足够度的 Kaiser-Meyer-Olkin 度量		0.600
Bartlett 的球形度检验	近似卡方	25.989
	df	1
	Sig.	0.000

由表5-22可知,KMO是0.600,说明问卷有结构效度,可以进行因子分析。

(四) 创新型企业研发支撑的知识管理有效性的因子分析和效度检验

创新型企业研发支撑的知识管理有效性问卷问题包含知识储备、信息化程度、知识共享、知识产权保护四个维度。问卷填写者对问卷各个问题的评价最小值为1,最大值为5,分值越高,说明对企业的研发支撑要素的满意度越高。因子分析及效度检验结果如表5-23、表5-24和表5-25所示。

表5-23 创新型企业研发支撑的知识管理有效性 KMO 和 Bartlett 的球形度检验

取样足够度的 Kaiser-Meyer-Olkin 度量		0.677
Bartlett 的球形度检验	近似卡方	89.656
	df	10
	Sig.	0.000

表5-24 创新型企业研发支撑的知识管理有效性解释的总方差

成分	初始特征值			提取平方和载入		
	合计	方差百分比(%)	累计(%)	合计	方差百分比(%)	累计(%)
1	2.149	42.978	42.978	2.149	42.978	42.978
2	1.043	20.854	63.831	1.043	20.854	63.831
3	0.750	15.008	78.839	0.750	15.008	78.839
4	0.557	11.132	89.971			
5	0.501	10.029	100.000			

注:提取方法:主成分分析法。

表 5-25　创新型企业研发支撑的知识管理有效性成分矩阵

	成分		
	1	2	3
D1	0.562	0.632	
D2	0.588		0.567
D3	0.693		
D4	0.678		
D5	0.741		

注：略去载荷小于0.5的条目的值。

由表 5-23 可知，KMO 是 0.677，说明问卷有结构效度，可以进行因子分析。

（五）创新型企业研发支撑体系的对外接口有效性的因子分析和效度检验

创新型企业研发支撑体系的对外接口有效性问卷问题包括政府支持、平台支持、产学研合作、与竞争对手合作和与产业链上下游合作五个维度。问卷填写者对问卷各个问题的评价最小值为1，最大值为5，分值越高，说明对企业的研发支撑要素的满意度越高。因子分析及效度检验结果如表 5-26、表 5-27 和表 5-28 所示。

表 5-26　创新型企业研发支撑体系的对外接口有效性 **KMO** 和 **Bartlett** 的球形度检验

取样足够度的 Kaiser-Meyer-Olkin 度量		0.698
Bartlett 的球形度检验	近似卡方	43.966
	df	10
	Sig.	0.000

表 5-27　创新型企业研发支撑体系的对外接口有效性解释的总方差

成分	初始特征值			提取平方和载入		
	合计	方差百分比（％）	累计（％）	合计	方差百分比（％）	累计（％）
1	1.722	34.434	34.434	1.722	34.434	34.434
2	1.101	22.024	56.457	1.101	22.024	56.457
3	0.885	17.699	74.157	0.885	17.699	74.157
4	0.725	14.490	88.647			
5	0.568	11.353	100.000			

注：提取方法：主成分分析法。

第五章 创新型企业研发支撑体系有效性的实证研究

表5-28 创新型企业研发支撑体系的对外接口有效性成分矩阵

	成分		
	1	2	3
E1		0.804	
E21	0.640		
E22	0.786		
E23	0.691		
E24			0.653

注：略去载荷小于0.5的条目的值。

由表5-26可知，KMO是0.698，说明问卷有结构效度，可以进行因子分析。

六、回归分析与假设检验

（一）假设检验

创新型企业研发支撑管理机制的相关假设如表5-29所示。

表5-29 创新型企业研发支撑管理机制的相关假设

H1：企业研发人员的数量和质量与企业创新绩效有显著正向关系
H2：企业的创新激励机制完善与企业创新绩效有显著正向关系
H3：员工对研发决策的参与度与企业创新绩效有显著正向关系
H4：企业高效灵活的协作组织与企业创新绩效有显著正向关系
H5：企业研发投入与企业创新绩效有显著正向关系
H6：创新的企业文化与企业创新绩效有显著正向关系
H7：企业的知识管理与企业创新绩效有显著正向关系
H8：政府机构对企业研发支持力度与企业创新绩效有显著正向关系
H9：企业与产学研等外部力量研发合作与企业创新绩效有显著正向关系

H1的假设检验结果如表5-30和表5-31所示。

表5-30 H1成对样本相关系数

	N	相关系数	Sig.
对1　H1 & ROA	122	0.448	0.000

表 5-31　H1 成对样本检验

		成对差分				t	df	Sig.(双侧)
		均值	标准差	均值的标准误	差分的95%置信区间			
					下限	上限			
对1	H1-ROA	-0.30492	0.75808	0.06863	-0.44080	-0.16904	-4.443	121	0.000

如表 5-30 所示，H1 和 ROA 的相关系数为 0.448，两者是正相关关系。由表 5-31 可知，两样本均值的检验 P 值为 0，小于 0.05，故可以认为企业研发人员的数量和质量与企业创新绩效有显著正向关系。

H2 的假设检验结果如表 5-32 和表 5-33 所示。

表 5-32　H2 成对样本相关系数

	N	相关系数	Sig.
对1　H2 & ROA	122	0.331	0.000

表 5-33　H2 成对样本检验

		成对差分				t	df	Sig.(双侧)
		均值	标准差	均值的标准误	差分的95%置信区间			
					下限	上限			
对1	H2-ROA	-0.19672	0.94159	0.08525	-0.36549	-0.02795	-2.308	121	0.023

如表 5-32 所示，H2 和 ROA 的相关系数为 0.331，两者是正相关关系。由表 5-33 可知，两样本均值的检验 P 值为 0.023，小于 0.05，故可以认为企业的创新激励机制完善与企业创新绩效有显著正向关系。

H3 的假设检验结果如表 5-34 和表 5-35 所示。

表 5-34　H3 成对样本相关系数

	N	相关系数	Sig.
对1　H3 & ROA	122	0.346	0.000

第五章 创新型企业研发支撑体系有效性的实证研究

表 5-35 H3 成对样本检验

		成对差分				t	df	Sig.（双侧）
		均值	标准差	均值的标准误	差分的95%置信区间			
					下限	上限			
对1	H3 - ROA	-0.08197	1.00074	0.09060	-0.26134	0.09741	-0.905	121	0.367

如表 5-35 所示，H3 和 ROA 的两样本均值的检验 P 值为 0.367，大于 0.05，故可以认为员工对研发决策的参与度与企业创新绩效没有显著正向关系。

H4 的假设检验结果如表 5-36 和表 5-37 所示。

表 5-36 H4 成对样本相关系数

	N	相关系数	Sig.
对1 H4 & ROA	122	0.573	0.000

表 5-37 成对样本检验

		成对差分				t	df	Sig.（双侧）
		均值	标准差	均值的标准误	差分的95%置信区间			
					下限	上限			
对1	H4 - ROA	-0.00410	0.70270	0.06362	-0.13005	0.12185	-0.064	121	0.049

如表 5-36 所示，H4 和 ROA 的相关系数为 0.573，两者是正相关关系。由表 5-37 可知，H4 和 ROA 的两样本均值的检验 P 值为 0.049，小于 0.05，故可以认为企业高效灵活的协作组织与企业创新绩效有显著正向关系。

H5 的假设检验结果如表 5-38 和表 5-39 所示。

表 5-38 H5 成对样本相关系数

	N	相关系数	Sig.
对1 H5 & ROA	122	0.483	0.000

表 5-39　H5 成对样本检验

	成对差分					t	df	Sig.（双侧）
	均值	标准差	均值的标准误	差分的 95% 置信区间				
				下限	上限			
对 1　H5 - ROA	-0.07705	0.70404	0.06374	-0.20324	0.04914	-1.209	121	0.029

如表 5-38 所示，H5 和 ROA 的相关系数为 0.483，两者是正相关关系。由表 5-39 可知，两样本均值的检验 P 值为 0.029，小于 0.05，故可以认为企业研发投入与企业创新绩效有显著正向关系。

H6 的假设检验结果如表 5-40 和表 5-41 所示。

表 5-40　H6 成对样本相关系数

	N	相关系数	Sig.
对 1　H6 & ROA	122	0.238	0.008

表 5-41　H6 成对样本检验

	成对差分					t	df	Sig.（双侧）
	均值	标准差	均值的标准误	差分的 95% 置信区间				
				下限	上限			
对 1　H6 - ROA	0.12705	0.93279	0.08445	-0.04014	0.29424	1.504	121	0.035

如表 5-40 所示，H6 和 ROA 的相关系数为 0.238，两者是正相关关系。由表 5-41 可知，两样本均值的检验 P 值为 0.035，大于 0.05，故可以认为创新的企业文化与企业创新绩效有显著正向关系。

H7 的假设检验结果如表 5-42 和表 5-43 所示。

表 5-42　H7 成对样本相关系数

	N	相关系数	Sig.
对 1　H7 & ROA	122	0.559	0.000

第五章 创新型企业研发支撑体系有效性的实证研究

表 5-43 H7 成对样本检验

		成对差分				t	df	Sig.（双侧）
		均值	标准差	均值的标准误	差分的95%置信区间			
					下限	上限			
对1	H7 - ROA	0.08033	0.64930	0.05879	-0.03605	0.19671	1.366	121	0.004

如表 5-42 所示，H7 和 ROA 的相关系数为 0.559，两者是正相关关系。由表 5-43 可知，两样本均值的检验 P 值为 0.004，小于 0.05，故可以认为企业的知识管理与企业创新绩效有显著正向关系。

H8 的假设检验结果如表 5-44 和表 5-45 所示。

表 5-44 H8 成对样本相关系数

	N	相关系数	Sig.
对1 H8 & ROA	122	0.316	0.000

表 5-45 H8 成对样本检验

		成对差分				t	df	Sig.（双侧）
		均值	标准差	均值的标准误	差分的95%置信区间			
					下限	上限			
对1	H8 - ROA	-0.00820	1.01636	0.09202	-0.19037	0.17398	-0.089	121	0.929

如表 5-44 所示，H8 和 ROA 的相关系数为 0.316，两者是正相关关系。

如表 5-45 所示，H8 和 ROA 的两样本均值的检验 P 值为 0.929，大于 0.05，故可以认为政府机构对企业研发支持力度与企业创新绩效没有显著正向关系。

H9 的假设检验结果如表 5-46 和表 5-47 所示。

表 5-46 H9 成对样本相关系数

	N	相关系数	Sig.
对1 H9 & ROA	122	0.391	0.000

表 5-47 H9 成对样本检验

		成对差分				t	df	Sig.（双侧）
		均值	标准差	均值的标准误	差分的95%置信区间			
					下限	上限			
对1	H9 - ROA	-0.26025	0.79213	0.07172	-0.40223	-0.11826	-3.629	121	0.000

如表5-46所示，H9和ROA的相关系数为0.391，两者是正相关关系。由表5-47可知，两样本均值的检验P值为0.000，小于0.05，故可以认为企业与产学研等外部力量研发合作与企业创新绩效有显著正向关系。

(二) 多元线性回归分析

根据以上假设检验的结果，剔除A3"员工对研发决策的参与度很高"和E1"政府机构对企业支持力度很强"这两个变量。将A"创新型企业研发管理机制"中的剩余各变量取平均值，将B"创新型企业研发资金投入和硬件建设"中的各变量取平均值，将C"创新型企业研发的企业文化支撑"中的各变量取平均值，将D"创新型企业研发支撑的知识管理"中的各变量取平均值，将E"创新型企业研发支撑体系的外部接口"中的剩余各变量取平均值。将ROA数据处理成定序数据，用SPSS软件做出多元线性回归分析。结果如表5-48、表5-49和表5-50所示。

表5-48 多元线性回归模型汇总

模型	R	R^2	调整后的R^2	标准估计的误差
1	0.854	0.729	0.717	0.40539

表5-49 多元线性回归Anova

模型		平方和	df	均方	F	Sig.
1	回归	51.232	5	10.246	62.349	0.000
	残差	19.063	116	0.164		
	总计	70.295	121			

表5-50 多元线性回归系数

模型		非标准化系数		标准系数	t	Sig.
		B	标准误差	试用版		
1	(常量)	-1.726	1.298		-2.433	0.016
	A	0.521	0.114	0.383	4.556	0.000
	B	0.458	0.085	0.356	5.377	0.000
	C	0.783	0.074	0.661	10.504	0.000
	D	0.535	0.118	0.403	4.538	0.000
	E	0.095	0.240	0.049	4.564	0.000

第五章　创新型企业研发支撑体系有效性的实证研究

判定系数 R^2，取值范围在 [0, 1] 区间内，$R^2 = 1$ 时，拟合是完全的，即所有观测值都在直线上；R^2 越接近于 1，说明方程的拟合程度越好。多元线性回归分析中的判定系数 R^2，因为解释变量的增多，导致判定系数 R^2 也会虚增。为了真实反映多元线性回归方程的拟合程度，需要对判定系数 R^2 进行处理，计算调整后的多重判定系数 R^2。由表 5-48 可知，调整后的 $R^2 = 0.717$，数值较大，说明拟合程度较好。F 检验和 T 检验的 P 值都小于 0.05，所以回归系数显著性水平较高。

根据表 5-50 的结果，以企业创新绩效的代表变量——资产报酬率 ROA 为因变量，修正后的 A、B、C、D、E 为自变量，创新型企业研发支撑体系有效性的多元线性回归方程为：

$$ROA = -1.726 + 0.521A + 0.458B + 0.783C + 0.535D + 0.095E$$

七、统计分析结果解释与探讨

（一）对假设检验结果的解释与探讨

将假设检验的结果进行汇总，如表 5-51 所示。

表 5-51　假设检验结果汇总

假设	检验结果
H1：企业研发人员的数量和质量与企业创新绩效有显著正向关系	通过检验
H2：企业的创新激励机制完善与企业创新绩效有显著正向关系	通过检验
H3：员工对研发决策的参与度与企业创新绩效有显著正向关系	未通过检验
H4：企业高效灵活的协作组织与企业创新绩效有显著正向关系	通过检验
H5：企业研发投入与企业创新绩效有显著正向关系	通过检验
H6：创新的企业文化与企业创新绩效有显著正向关系	通过检验
H7：企业的知识管理与企业创新绩效有显著正向关系	通过检验
H8：政府机构对企业研发支持力度与企业创新绩效有显著正向关系	未通过检验
H9：企业与产学研等外部力量研发合作与企业创新绩效有显著正向关系	通过检验

通过以上结果可知，企业研发人员的数量和质量与企业创新绩效有显著的正向关系。对于创新型企业来说，充足的研发人员的配备是获得创新绩效和保持创新能力的必要条件。研发人员是企业中最具创新能力和价值的资产，创新型企业如果缺乏合格的研发人员，就会很快失去竞争能力。企业的人力资源部门和其他部门应该保证创新型企业研发人员的数量和质量，使企业获得足以保持先进研发能力的人力资源。

企业的创新激励机制完善与企业创新绩效有显著正向关系。企业对研发人员有较高的要求，合格的研发人员被期望拥有突出的研发知识与能力、较强的自我学习意图和能力。企业对研发人员的工作要求高，研发人员的工作时间一般较长、工作压力较大。同时，作为知识型员工，研发人员自身具有较高的成就动机和自我实现的动力，丰厚的薪酬往往被他们看作一种关键因素。所以对研发人员的有效激励，对于企业维持研发人员的持续创新动力和能力十分必要。

根据此次调研的结果，员工对研发决策的参与度与企业创新绩效没有显著正向关系。究其原因在于，目前大多数企业的研发决策权还集中在企业管理层手中，特别是企业的高管层把握着企业研发方向，普通研发员工只是扮演执行者的角色。根据调研，大多数普通研发人员只参与过操作层面的研发决策。但在国外，很多企业鼓励研发人员和其他岗位的员工参与到产品研发决策中。因为掌握了稀缺的研发知识，同时具有比较敏锐的创新趋势观察能力，研发人员在研发构思、概念形成等各个阶段都可以帮助企业做出有价值的研发决策。如果我国创新型企业的研发决策尝试让研发人员更多地参与进来，应该能有效地促进创新业绩。

企业高效灵活的协作组织与企业创新绩效有显著正向关系。根据创新生态系统理论，企业研发支撑体系中的各部门形成了创新群落，群落的各物种之间存在协同进化和互利共生的机制。企业内部各种形式的研发组织、团队等与企业中为研发提供支持的职能部门和其他组织，包括市场、财务、生产和工艺、采购部门和创新委员会、董事会等相互支持和影响。研发组织和他的支撑组织间应建立双向交流机制，使研发成果能适应和引领市场需求，获得理想的市场业绩。

企业研发投入与企业创新绩效有显著正向关系。学界对于企业研发投入与企业业绩之间的关系已有很多研究，结论并不一致。部分研究表明，公司业绩与研

第五章　创新型企业研发支撑体系有效性的实证研究

发投入存在显著的相关关系。例如，Grabowski 和 Mueller（1978）[①] 对美国 86 家企业的样本进行了回归分析，发现研发投入的投资回报率大于其他投资。孙维峰（2013）等以 2009~2011 年我国沪深两市制造业上市公司为研究样本，无论用 ROA 还是 Tobin's q 度量，企业 R&D 支出都与企业绩效显著正相关。吕媛和黄国良（2009）的研究认为，我国高新技术产业上市公司的研发投入力度加大会带来企业市值上涨。但有些研究则得出了相反的结论。例如，喻雁（2014）以 2010~2012 年中国 48 家创业板上市公司为样本，对研发支出与企业绩效之间的相关关系进行了实证检验。研究结果显示，研发支出与企业绩效呈负相关关系。经过本书的实证研究，企业研发投入与企业创新绩效有显著正向关系。但是被调查企业对研发资金的管理存在一些问题，比如不太重视研发资金的管理，或者不太擅长研发资金管理。在研发项目实施过程中缺乏资金监管，研发项目周期随意延长，研发资金不断追加，这样会导致研发资金浪费和管理失控。对研发投入的管理是创新型企业应该注意的问题。

创新的企业文化与企业创新绩效有显著正向关系。企业文化和技术创新都可被看作企业核心竞争力的重要因素。积极创新的企业文化通过构建企业愿景、企业使命、企业家精神、企业价值观和企业形象，在企业内部营造技术创新氛围，促进技术创新的成功，并最终推动了企业创新绩效的增长。

企业的知识管理与企业创新绩效有显著正向关系。由调查得知，创新型企业普遍认同知识管理对研发的推动作用，认为企业内知识分享和学习、知识产权保护很有必要。知识管理是知识经济发展对企业提出的要求，企业通过知识管理可以优化企业研发活动。知识管理可以把知识和信息标准化，挖掘数据，提高员工学习和创新能力，提高企业对技术发展趋势的快速反应能力，改善研发沟通效果，最终有效提高企业创新绩效。企业要将知识管理贯穿于整个研发过程之中，在研发过程中充分利用已有知识储备，快速查找和吸收已有知识，推动核心技术和产品的研发。

政府机构对企业研发支持力度与企业创新绩效没有显著正向关系。从本书调查结果来看，大多数企业，特别是中小企业并没有明显地感觉到政府机构对于其研发的支持。2017 年，我国研发经费投入总量为 17500 亿元，比上年增长

[①] Grabowski, H., Mueller, D., Industrial Research and Development, Intangible Capital Stock and Firm Profit Fates, Bell Journal of Economics, Vol. 9, 1978, pp. 328–343.

11.6%，增速较上年提高1个百分点。研发经费投入强度（研发经费与国内生产总值之比）为2.12%，较上年提高0.01个百分点，成为仅次于美国的世界第二大研发投入国。分研发活动类型看，2017年我国基础研究经费为920亿元，比上年增长11.8%；基础研究占研发经费的比重为5.3%，较上年提高0.1个百分点。分研发活动主体看，2017年企业研发经费为13733亿元，比上年增长13.1%，连续两年实现两位数增长；政府属研究机构和高等学校研发经费分别为2418.4亿元和1127.7亿元，分别比上年增长7%和5.2%。[①] 从数据看，我国用于基础研究的研发经费占比较低，不利于建立长远的科技优势。而基础研究因为投入多，研发周期长，更应由政府作为主要的投入来源，但我国政府研发经费投入在所有经费来源中的占比过小。除了政府拨款的机构直接的研发资金投入之外，政府机构对企业研发支持手段还可以包括鼓励研发的金融政策、鼓励企业研发的税收政策、扶持自主创新的政府采购政策、搭建区域性和行业研发支持平台等。

企业与产学研等外部力量研发合作与企业创新绩效有显著正向关系。创新型企业完全依靠企业内部力量完成所有产品和技术的研发是十分困难的。特别是某些成本高、研发周期长、技术或知识密集型的产品，通常是高新科学技术的综合产物。其研发过程是非常复杂的系统工程，需要大量人力和资金等资源的投入，一家企业很难承担全部自主研发的任务。这就需要企业和其他部门之间的协同研发。事实上，企业的研发越来越倾向于与产学研、上下游企业甚至同业竞争者的合作。因此，很多企业的研发过程是一个知识融合的协同创新过程。根据本书的调查结果，大多数企业认同产学研等协同研发对企业创新绩效的推动作用。

（二）对多元线性回归方程的解释与探讨

根据本书调研结果，创新型企业研发支撑体系有效性的多元线性回归方程为：

$ROA = -1.726 + 0.521A + 0.458B + 0.783C + 0.535D + 0.095E$

方程中ROA代表企业创新绩效——资本利润率。A代表创新型企业研发管

[①] 国家统计局：《2017年我国研发经费投入强度为2.12%》，http://www.stats.gov.cn/tjsj/zxfb/201802/t20180213_1583420.html。

理机制；B 代表创新型企业研发资金投入和硬件建设；C 代表创新型企业研发的企业文化支撑；D 代表创新型企业研发支撑的知识管理；E 代表创新型企业研发支撑体系的外部接口。

从回归方程可知，创新型企业研发管理机制、创新型企业研发资金投入和硬件建设、创新型企业研发的企业文化支撑、创新型企业研发支撑的知识管理、创新型企业研发支撑体系的外部接口均对企业创新绩效呈线性的正相关关系。

其中，企业文化的支撑作用最为明显，说明提倡和鼓励创新的企业文化，对发展中的创新企业有极大的推动作用。根据调研也可以得知，在企业中企业家本身对创新和研发的战略地位的推崇和对技术发展趋势的前瞻性和敏感性，是指导研发的首要因素。创新意识贯穿于企业价值观念、使命、愿景，在员工中创造了创新的氛围和动力。

企业研发管理机制、研发资金投入和硬件建设以及企业研发支撑的知识管理对于创新型企业创新绩效的推动效果相差不多。

企业研发支撑体系的外部接口的有效性最差，这也是调研时发现的问题。虽然大多数被调查的创新型企业已经意识到产学研协作与其他企业协作研发的重要性和迫切性，很多企业也做出了尝试，但是实际效果差别很大。企业与外部主体的研发协作虽然扩大了整个创新生态系统的范围，实现了系统中物种的多样性，对整个创新生态系统的活力和效率有提升作用，但是研发管理的难度也成倍加大，创新型企业面临研发协作的知识产权保护、经费管控、保持研发人员队伍稳定、研发利益分配等都是亟待解决的难题。如果这些难题把握不好，研发成本反而上升，研发效率也会下降。目前，能够顺利解决这些问题的企业尚在少数，大多数企业还处于摸索阶段。

第四节　本章小结

本章第一节对本书的研究对象——创新型企业进行了界定。结合第二章总结的创新型企业的概念，建立了创新型企业评价指标体系。利用 BP 神经网络分析法，最后确定本书回收到的调查问卷中有 122 家企业属于创新型企业。

在第二节构建了创新型企业研发支撑体系有效性评价的指标体系。设定资产报酬率 ROA 为被解释变量,研发支撑的管理机制、研发资金投入和硬件建设、企业研发的企业文化支撑、研发支撑的知识管理、企业研发支撑体系的外部接口为解释变量,分别构建了各解释变量的量表。

  第三节首先说明了本次调研对样本的选择,阐述了实证研究所用的主要分析方法。其次对实际调研结果进行了描述统计分析,分别进行了信度检验和因子分析效度检验。最后对数据进行了回归分析和假设检验,并就结果进行了解释。

第六章

结　论

根据创新型企业的概念和特征，创新型企业具有比较强烈的创新愿望和取得较高创新绩效的动力。研发是企业创新的核心活动，直接关系到创新型企业的产品和技术更新，是企业核心竞争力形成的基础。然而，企业的研发活动并非研发组织凭借一己之力就能够完成的，研发活动还需要其他要素的支撑。研发组织要与其支撑体系产生信息、人力资源、资金和物质的交换。研发支撑体系高效地运转能够帮助企业缩短研发周期、取得更多研发成果。所以从多种角度解读和研究创新型企业研发支撑体系、发现体系可能存在的问题、厘清各支撑要素之间的关系、优化体系结构是企业提高创新绩效不容忽视的工作。

第一节　主要结论和建议

本书找到比较独特的观察视角，结合目前主流的研究方法和理论基础，对创新型企业的研发支撑体系进行了实地调研，并整理和分析了调研结果，得出了以下结论并提出建议：

第一，创新型企业研发支撑体系作用机理是内部因素和外部因素共同决定了研发支撑体系模式的选择，模式又决定了创新绩效。

按照创新类型和创新资源两个维度，可以把创新型企业研发支撑体系划分为四类，即内部持续模式、内部基础研发模式、网络合作模式和外部引入模式。四类研发支撑体系模式呈现出不同的特征。创新型企业研发支撑体系模式选择的影响因素，包括外部环境和内部影响因素。外部环境是影响企业内在创新动力和研发支撑模式选择的重要因素。本书将创新型企业创新外部影响因素分为政策环境因素、市场环境因素、技术环境因素和市场需求因素四类。内部影响因素分为创新意识、创新资源、创新战略、创新能力和创新文化。研发支撑体系的作用机理可以用生态系统学理论来解释。外部生态环境和营养子系统以及核心子系统影响了研发基因，从而取得技术的进化或突变。

创新型企业选择研发支撑体系模式时，要注意模式匹配特征、模式选择机制、支撑模式与创新战略相适应、建立相应的创新企业文化意识、建立相应的企业创新制度、提高企业的技术创新能力、关注知识转化过程呈螺旋向上的模式、研发支撑模式选择的动态性。

第二，应把创新型企业研发支撑体系看作有机的整体，体系中各要素之间相互影响，且这种互动直接关系到企业研发的效率。

创新型企业研发支撑体系的结构可以分为五部分：研发支撑体系的管理机制（研发人力资源与激励管理、研发组织结构的设置、研发风险管理、研发决策机制）、研发投入、企业文化支撑、知识管理、研发支撑体系与外部资源接口。企业在构建研发支撑体系时，应注意各要素之间的协调和互动。比如研发人力资源与激励管理和研发组织结构之间的关系。人力资源的配置基于组织结构的设计，企业会根据组织结构来安排职位和做出职位说明书，明确各岗位职责和权限。像研发工作这种机动性较强、工作过程难以控制的职位，其人力资源管理和激励应以合理的组织结构设计为前提，同时优化各级别研发人员在研发决策中的角色。再比如研发的企业文化支撑和知识管理之间也存在活动关系。作为创新型企业，对于新技术和新知识的生产是其特征之一。能否对研发中产生的知识进行有效保护和利用，在企业文化不同的企业中会有不同的做法。企业中的学习氛围和知识分享机制，也与企业文化有密切的联系。

第三，创新型企业研发支撑体系有类似于生态系统的特征，从生态系统角度解读研发支撑体系，有助于研发资源的整合。

企业内部创新组织对应生态学的物种，研发组织和研发支撑组织的集合对应生态学中的群落，研发惯例对应生态学中的基因，渐进式研发对应生态学中的进化，突破式创新对应生态学中的突变。更为关键的是，研发要素之间的协同作用对应生态学中的协同进化，研发组织及其支撑组织之间的双向交流互动机制对应生态学中的互利共生。所以创新型企业的研发组织和研发活动应该与企业的其他组织和研发要素建立有效和长效的互动交流机制,例如和市场部门、财务部门、人力资源管理部门等之间建立互动关系和制度。技术创新绩效好的企业,往往是在技术创新过程中建立起研发、生产、市场、人力资源部门之间跨职能交流机制的企业。

研发与生产部门的冲突往往出现在以下场景:

(1) 研发部门没有足够的考虑生产环节工艺上的可行性。有时研发成果过于先进,但是生产工艺具有限制性,不能实现研发成果。

(2) 部门之间信息沟通不畅。特别是规模较大的企业,信息在各部门有效传递变得困难,这是内部交易成本增加的表现。加之两个部门的本位主义,不想了解对方的需求,甚至研发人员因为知识层次较高常常会产生一种优越感。但是企业研发成果必然要推向生产环节,这种矛盾和信息的堵塞,会使研发成果转化到商业化经营的道路变得不顺畅。

研发与市场部门的冲突往往表现为:

(1) 向对方提供的信息在形式、内容上不符合对方的要求。原因主要在于两部门的专业知识的差异和部门利益的差异。比如市场部门的人员缺乏技术知识,从客户处收集信息传递到研发部门时往往是扭曲或过滤过的。基于这种信息而研发出的成果很难完全符合市场需求。

(2) 研发人员可能受到一种"工程师文化"的影响,单纯追求技术的先进性,而市场部门更关注技术的实用性和用户体验。

解决以上冲突,研发支撑体系建立时应该注意:

(1) 树立价值链的意识。各部门都要明白自己在价值链中所处的位置,形成下道工序就是顾客的意识。在企业的研发过程中,研发、生产、市场部门等都要对对方负责。

(2) 加强各部门交流。在实践中,要充分发挥桥梁人物的作用,充分培养和利用同时具有技术、市场、生产背景的复合型人才。利用他们的知识和背景帮助解决部门之间的信息障碍问题[①]。或者成立创新委员会这类组织,给部门之间的沟通搭建平台。

第四,从调查数据来看,创新型企业研发支撑体系各要素的有效性有所不

---

① 邱建华:《企业技术协同创新的运行机制及绩效研究》,中南大学博士学位论文,2013年。

同。其中员工参与研发决策和政府对企业研发的扶持是短板。

依法决策机制基本由四个部分组成,即决策者、决策模式、决策信息和决策程序。其中决策者是对研发过程中一系列问题做出最终决策,拥有决定权的人。在同一企业,重要程度不同的研发决策,其决策者也不同,但研发决策的参与者不应该有太多的局限。一般来说,研发决策的参与者除了有决策权限的管理者之外,还可以包括研发结果的使用者、研发人员、客户、供应商、合作的高校和科研机构等。其中员工,特别是一线的研发人员,因其熟悉研发流程,对技术发展趋势的敏感性和对研发工作的积极性,如果允许其参与研发决策,更有利于提高研发效率,把握研发方向。根据目标管理的原理,如果允许目标的执行者参与到目标的制定过程中,执行者会对目标更加认可,积极性更高,目标的实现就更有保障。而根据本书调研的结果,员工对研发决策的参与度与企业创新绩效没有显著正向关系。创新型企业应该加强这方面的放权,让研发人员和其他人员参与到研发决策中来。

我国政府研发经费投入逐年增加,但是相比美国等发达国家,政府研发经费在所有经费来源中的占比过小。除了政府通过向其举办的科研机构和高校直接拨款之外,政府机构对企业研发支持手段还可以包括鼓励研发的金融政策、鼓励企业研发的税收政策、扶持自主创新的政府采购政策、搭建区域性和行业研发支持平台等。特别是对于企业没有能力或者不愿意从事的基础知识的研究,政府应该鼓励科研机构和高校更多致力于此,引导基础知识向企业扩散。

第二节 研究的不足

由于条件和时间所限,以及笔者的理论基础存在欠缺,本书尚有如下不足之处:

(1) 对于创新型企业研发支撑体系与外部环境的接口没有进行分析。虽然本书的研究范围限定在企业内部,但企业的研发支撑体系肯定要与外部主体产生互动。而且随着技术更新速度加快,研发成本提高,企业与外部的研发协作日益盛行,成为企业研发时重要的决策。这里所指的外部主体包括政府、科研机构、高校、上下游企业、竞争企业、创新平台等,与外部环境的接口也是企业研发支撑体系的主要组成部分。因为现有文献关于企业与外部主体之间的研发协作的研究已经很多,同时因为篇幅和条件所限,本书对此没有多加阐述。但是企业和外部研发协作单位的互动关系,以及合作机制仍有很大的探讨空间,特别是从生态系统角度去研究各主体之间的竞合关系,是有一定的理论和实践意义的。

(2) 实地调研和问卷调研还不够深入和充分。理想的情况应该有更多、更深入的实地调研,充分发掘各类行业、各种规模、处于各阶段的创新型企业研发支撑体系的现状、问题,了解企业管理者和研发从业人员对理想的研发支撑体系的要求。问卷调研也应该选择更多样本,以便得到更多有代表性的结论。

希望在今后的研究中有机会完善文中不足之处,对创新型企业的研发支撑体系有更深入的认识。

参考文献

[1] Adner R., Kapoor R., "Value Creation in Innovation Ecosystem: How the Structure of Technological Interdependence Affects Firm Performance in New Technology Generations", *Strategic Management Journal*, Vol. 31, No. 3, 2009.

[2] Adomavicius G., "Expert Driven Validation of Rule Based User Models in Personalization Application", *Data Mining and Knowledge Discovery*, No. 2, 2001.

[3] Afuah A., *Innovation Management: Strategies, Intellect and Profits*, New York: Oxford University Press, 1998.

[4] Alanl Frohman, "Building a Culture for Innovation", *Research Technology Management*, March – April, 1998.

[5] Amabile T. M., Conti R., Coon H., "Assessing the Work Environment for Creativity", *Academy of Management Journal*, Vol. 39, 1996.

[6] Andrea Cavone, Vittorio Chiesa, Raffaella Manzin, "Management Styles in Industrial R&D Organisations", *European Journal of Innovation Management*, Vol. 3, 2002.

[7] Artificial Neural Network's ICANN 2001: International Conference. Vienna, Austria, 2001.

[8] Barron D. N., "Organizational Ecology and Industrial Economics", *Industrial and Corporate Change*, Vol. 10, No. 2, 2001.

[9] Brown Karaguzulo, "The Art of Continuous Change: Linking Complexity Theory and Time – paced Evolution in Relentlessly Shifting Organizations", *Administrative Science Quarterly*, Vol. 1, 2001.

[10] Carolin Plewa, Indrit Troshani, Anthony Francis, Giselle Rampersad, "Technology Adoption and Performance Impact in Innovation Domains", *Industrial Management & Data Systems*, Vol. 11, 2012.

[11] Charles O'Reilly, "Corporation's Culture and Commitment: Motivation and Social Control In Organization", *Research Technology Management*, Vol. 8, 1997.

[12] Churchill Jr G. A., "A Paradigm for Developing Better Measures of Marketing Constructs", *Journal of Marketing Research*, Vol. 16, 1979.

[13] C. M. Khoong, Y. W. Ku, "The TSC Project: A Strategic R&D Initiative in Operations Management", *International Journal of Operations & Production, Management*, Vol. 14, 1994.

[14] Cummings J. N., "Work Groups, Structure al Diversity, and Know ledge Sharing in a Global Organization", *Management Science*, 2004.

[15] D. A. Spremont & Jacquem, "Cooperative and Non-cooperative R&D in Duopoly with Spillovers", *American Economic Review*, Vol. 78, 1988.

[16] Eugenia Y. Huang, Shu-Chiung Lin, "How R&D Management Practice Affects Innovation Performance: An Investigation of the High-tech Industry in Taiwan", *Industrial Management & Data Systems*, Vol. 106, 2006.

[17] Francesco Sofo, Ta-Yan Leong, Michelle Sofo, "Successful R&D Management Cooperation between China and Australia", *Journal of Technology Management in China*, Vol. 7, 2012.

[18] Freeman C., *The Economics of Industrial Innovation*, The MIT-Press, 1982.

[19] Freeman, "Value Innovation: The Strategic Logic of High Growth", *Harvard Business Review*, Vol. 75, No. 1, 1997.

[20] Friedrich August von Havek, "The Use of Knowledge in Society", *Amerrica Economic Review*, 1945, XXXV, No. 4.

[21] Georg Yon Krogh, Ikujiro Nonaka, Manfred Aben, "Making the Most of Your Company's Knowledge: A Strategic Framework", *Long Range planning*, Vol. 34, 2001.

[22] Globerman S., "Market, Hierarchies and Innovation", *Journal of Economics Issues*, Vol. 14, No. 4, 1980.

［23］Goffrey C. Nicholson, "Keeping Innovation alive", *Research Technology Management*, Vol. 4, 1998.

［24］González X., Pazó C., Do Public Subsidies Stimulate Private R&D Spending. Research Policy, Vol. 37, 2008.

［25］Gossain S., Kandiah G., "Reinventing Value: The New Business Ecosystem", Strategy & Leadship, Vol. 26, No. 5, 1998.

［26］Grabowski H., Mueller D., "Industrial Research and Development, Intangible Capital Stock and Firm Profit Fates", *Bell Journal of Economics*, Vol. 9, 1978.

［27］Griliches Z., *Returns to Research and Development Expenditures in the Private Sector. Development in Productivity Measurement and Analysis*, Chicago: University of Chicago Press, 1980.

［28］Hayek Fredrich A., *Notes on the Evolution of System of Rules of Conduct, in Studies in Philosophy, Politics and Economics*, London: Routledge and Kegan Paul, 2002.

［29］Hema Rao, A lexey G. *Inductive Leaning A lgorithms for Complex System Modeling*, CRC Press, Inc., 1994

［30］Higgins J. M., McAllister C., Want Innovation then Use Cultural Artifacts that Support it. Organizational Dynamics, Vol. 31, 2002.

［31］Iansiti & Levien A., "Process Model of Internal Corporate Venturing in the Diversified Major Firm", *Administrative Science Quarterly*, Vol. 28, 1983.

［32］Jan Fagerberg etc., "Innovation – systems, Path – dependency and Policy: The Co – evolution of Science, Technology and Innovation Policy and Industrial Structure in a Small, Resource – based Economy", *Georgia Institute of Technology*, 2008.

［33］J. Bouwens, Laurence van Lent, Performance Measure Properties and the Effect of Incentive Contracts, Journal of Management Accounting Research, Vol. 18, No. 1, 2006.

［34］Jennings R., Cox C. and Cooper C. L., *Business Elites: The Psychology of Entrepreneurs and Intrapreneurs*, Routledge, New York, 1994.

［35］Jensen M., Mechling W., *Specific and General Knowledge, and Organizational Structure*, Massachussets: Blackwell Publishers, 1992.

［36］Jincao Wang, Brian H. Kleiner, "The Evolution of R&D Management", *Management Research News*, Vol. 28, 2005.

[37] Jordan G. B., "What Matters to R&D Workers", *Research Technology Management*, Vol. 48, No. 3, 2005.

[38] Jungeun Cho, Donghee Kim, Soo W. Kim, Jungsuk Oh, "Factors Affecting on the Performance of Overseas R&D", *Asian Journal on Quality*, Vol. 10, 2009.

[39] Kamien et al., "Research Joint Ventures and R&D Cartels", *American Economic Review*, Vol. 82, No. 5, 1992.

[40] Kayano F., Chihiro W., "Japanese and US Perspectives on the National Innovation Ecosystem", *Technology in Society*, Vol. 30, No. 1, 2008.

[41] Lev B., Zarowin P., "The Boundaries of Financial Reporting and How to Extend Them", *Journal of Accounting Research*, Vol. 2, 1999.

[42] Levine S. H., "Products and Ecological Model", *Journal of Industrial Ecology*, Vol. 3, No. (2-3), 1999.

[43] Lieh-Ming Luo, Her-Jiun Sheu., "The Real R&D Options Value Incorporating Technological Risk Management", *Kybernetes*, Vol. 39, 2000.

[44] Lumpkin G. T. and DESS G. G., "Clarifying the Entrepreneurial Orientation Construct and Linking it to Performance", The Academy of Management Review, Vol. 21, 1996.

[45] Lynn L. H. Reddy N. M., Aram J. D. Linking, "Technology and Institutions: The Innovation Community Framework", *Research Policy*, Vol. 5, 1996.

[46] Mariacristina Piva, Marco Vivarelli, "The Role of Skills as a Major Driver of Corporate R&D", *International Journal of Manpower*, Vol. 30, 2009.

[47] Martin Stephen, "Spillovers. Appropriability, and R&D", *Journal of Economics*, Vol. 62, No. 37, 2001.

[48] Mohamed Zairi, "Managing User-supplier Interactions: Management of R&D Activity", *Management Decision*, Vol. 30, 1992.

[49] Mohoney M. J., "Psychological Predictors of Elite and Non-elite Performance in Olympic Weight Lifting", *International Journal of Sport Psychology*, Vol. 20, 1989.

[50] Moore J. F., *The Death of Competition: Leadership and Strategy in the Age of Business Ecosystems*, New York: Harper Collins, 1996.

[51] Myers Sweezy E., "Why Innovations Fail", *Technology Review*, Vol. 15,

1978.

[52] Mytelka Lynn K. & Smith, Keith, "Policy Learning and Innovation Theory: An Interactive and Co-evolving process", *Research Policy*, Vol. 31, No. (8-9), 2002.

[53] Nystrom, *Technological and Market Innovation Strategies for Product and Company Development*, UK: John Wiley and Sons, 1990.

[54] O'Brien C. and Smith J. E., "Strategies for Encouraging and Managing Technological innovation", *Journal of Production Eeonomics*, Vol. 41, 1995.

[55] OECD. *Innovative Networks: Collaboration in National Innovation Systems*, Paris: OECD, 2005.

[56] Pak Tee Ng, "The Learning Organization and the Innovative Organization", *Human Systems Management*, Vol. 23, 2004.

[57] Pang-Lo Liu, Chih-Hung Tsai, "Using Analytic Network Process to Establish Performance Evaluation Indicators for the R&D Management Department in Taiwan's High-tech Industry", *Asian Journal on Quality*, Vol. 8, 2009.

[58] Parulian Silaen, Robert Williams, "Management Control Systems: A Model for R&D Units", *Accounting Research Journal*, Vol. 22, 2009.

[59] Paulo Maçãs Nunes, Zélia Serrasqueiro, Luis Mendes, Tiago Neves Sequeira, "Relationship between Growth and R&D Intensity in Low-tech and High-tech Portuguese Service SMEs", *Journal of Service Management*, Vol. 21, 2010.

[60] Peltoniemi M. & Vuori E. Cluster, *Value Network and Business Ecosystem*, Knowledge and Innovation Approach, 2004.

[61] Peng M. W., Shujun Zhang, Xinchun Li, "CEO Duality and Firm Performance during China's Institutional Transitions", *Management and Organization Review*, Vol. 3, No. 2, 2007.

[62] Peter Drucker, *Management Challenges for 21st Century*, Harvard University Press, 1999.

[63] Peter F. Drucker, "Knowledge-worker Productivity: The biggest Challenge", *California Management Review* Vol. 41, No. 2, 1999.

[64] Porter M. E., *Competitive Strategies: Techniques for Analyzing Industries and Competition*, New York: The Free Press, 1980.

[65] Rennings K., "Redefining Innovation-eco-innovation Research and the

Contribution from Ecological Economics", *Ecological Economics*, Vol. 32, 2000.

[66] R. Narula., "Innovation Systems and 'Inertia' in R&D Location: Norwegian Firms and the Role of Systemic Lock – in", *Research Policy*, Vol. 31, No. 5, 2002.

[67] Robertson Thomas S., Gatignon Hubert, "Technology Development Mode: A Transaction Cost Conceptualization", *Strategic Management Journal*, Vol. 19, No. 6, 1998.

[68] Ron Adner, "Match Your Innovation Strategy to Your Innovation Ecosystem", *Harvard Business Review*, Vol. 84, No. 4, 2006.

[69] Roussel P., Saad K. N. and Erickson T. J., *Third Generation R&D, Managing the Link to Corporate Strategy*, Boston: Harvard Business School Press and Arthur D. Little Inc, 1991.

[70] Rothwell R., Towards "The Fifth – generation Innovation Process", *Int Market Rev*, Vol. 11, No. 1, 1994.

[71] Rulke D. L. J., "Distribution of Knowledge, Group Network Structure and Group Performance", *Management Science*, 2000.

[72] Sheldon A. Buekler, "The Spiritual Nature of Innovation", *Research Technology Management*, Vol. 4, 1998.

[73] Sifeng Liu, Zhigeng Fang, Chaoqing Yuan, Yaping Li, Ying Cao, "Research on ACPI System Frame for R&D Management of Complex Equipments", *Kybernetes*, Vol. 41, 2012.

[74] Thornberry Dvpressman Mac. "Fostering a Culture of Innovation", *Proceedings of the United States Naval Institute*, Vol. 129, No. 4, 2003.

[75] Ulset S., "R&D Outsourcing and Contractual Governance: An Empirical Study of Commercial R&D Projects", *Journal of Economic Behavior & Oorganization*, Vol. 30, 1996.

[76] Ulusoy G., "An Assessment of Supply Chain and Innovation Management Practice in the Manufacturing Industries in Theory", *Journal of Production Economies*, Vol. 88, 2003.

[77] Volberda H. W., Fuller C. B., "Mastering Strategic Renewal", *Long Range Planning*, Vol. 34, 2001.

[78] Yair Holtzman., "Innovation in Research and Development: Tool of Strategic Growth", *Journal of Management Development*, Vol. 27, 2008.

[79] Yongtae Park, Seonwoo Kim, "Linkage between Knowledge Management and R& D Management", *Journal of Knowledge Management*, Vol. 9, 2011.

[80] Young – Ha Hwang, Dong – Young Kim, Myong – Kee Jeong. "A Self – assessment Scheme for an R&D Organization Based on ISO 9004: 2000", *International Journal of Quality & Reliability Management*, Vol. 29, 2012.

[81] Zollo. M., Winter S. G., Deliberate Learning and the Evolution of Dynamic Capabilities. *Organization Science*, Vol. 133, 2002.

[82] 白云涛、王亚刚、席酉民：《多层级领导对员工信任、工作绩效及创新行为的影响模式研究》，《管理工程学报》2008年第3期。

[83] 陈静、唐五湘：《共性技术的特性和失灵现象分析》，《科学学与科学技术管理》2007年12月。

[84] 陈斯琴、顾立刚：《企业技术创新系统生态性分析》，《科技管理研究》2008年第7期。

[85] 董晓宏、宋长生、宋朝利：《基于复杂适应系统理论的企业创新主体研究》，《商场现代化》2006年第23期。

[86] 李芊、许平彩、梁琦：《创新型企业文化建设研究》，《河北经贸大学学报》（综合版）2016年第6期。

[87] 范柏乃：《面向自主创新的财税激励政策研究》，科学出版社2010年版。

[88] 范柏乃等：《自主创新政策的演进：理论分析与浙江经验》，《中共浙江省委党校学报》2013年第4期。

[89] 傅家骥：《技术创新学》，清华大学出版社1998年版。

[90] 张居营、孙晶：《基于熵权模糊物元模型的创新型企业价值评估》，《技术经济》2017年第9期。

[91] 贺团涛、曾德明：《知识创新生态系统的理论框架与运行机制研究》，《情报杂志》2008年第6期。

[92] 洪进、汤书昆：《企业技术创新过程中的风险问题研究》，《科学与科学技术管理》2003年第24期。

[93] 胡克松：《完善企业研发项目组织形式的策略研究》，《经营管理者》2012年4月。

[94] 胡珑瑛、蒋樟生：《基于BP神经网络的创新型企业评价研究》，《软科

学》2008 年 2 月。

［95］胡红卫、屠斌飞：《IPD—集成的产品开发/企业产品研发管理中心》，www. prdm. net，2004 年 11 月 3 日。

［96］张志迎、沈磊、韦周雪：《企业开放式创新动力源的实证研究》，《科学学研究》2018 年第 4 期。

［97］黄鲁成：《基于生态学的技术创新行为研究》，科学出版社 2007 年版。

［98］李怀祖：《管理研究方法论》，西安交通大学出版社 2004 年版。

［99］李垣、乔伟杰：《基于价值管理中的企业创新系统构建》，《中国软科学》2002 年第 12 期。

［100］李江、和金生：《基于知识管理的技术创新决策研究》，《科技进步与对策》2008 年 7 月。

［101］杨友才、梁岳：《创新型企业成长的影响因素分析及对策建议》，《青岛科技大学学报》（社会科学版）2016 年第 3 期。

［102］李利、王涛：《浅析研发项目组织模式》，《山东冶金》2006 年 6 月。

［103］李庆东：《企业创新系统各要素的相关性分析》，《工业技术经济》2006 年 9 月。

［104］李庆东：《产业创新系统协同演化理论与绩效评价方法研究》，吉林大学博士学位论文，2008 年。

［105］李薇薇：《基于演化理论的区域创新系统研究》，天津大学博士学位论文，2008 年。

［106］李妍、丁莹莹：《创新生态系统下知识管理对企业创新绩效的影响及启示》，《天津大学学报》（社会科学版）2018 年第 1 期。

［107］李卫东、刘洪、陶厚永：《企业研发人员工作激励研究述评》，《外国经济与管理》2008 年第 11 期。

［108］李永锋、司春林：《合作创新战略联盟中企业间相互信任问题的实证研究》，《研究与发展管理》2007 年第 6 期。

［109］李子和、陈省平、郭汝丽：《高新区高新技术群落的优化效应》，《中国软科学》1999 年 10 月。

［110］李其玮、顾新、赵长轶：《产业创新生态系统知识优势的演化阶段研究》，《财经问题研究》2018 年 2 月。

［111］李安民：《六代研发的划分给电信研究机构转型的启示》，《科技进步

与对策》2007 年 1 月。

［112］娄会荣：《循环经济科技支撑体系研究》，山东师范大学硕士学位论文，2008 年。

［113］陆奇案：《战略联盟中机会主义行为的成因及治理对策》，《现代管理科学》2005 年 3 月。

［114］吕影涛：《科技型中小企业研发风险分析与防范研究》，天津财经大学硕士学位论文，2012 年。

［115］吕媛、黄国良：《高技术产业研发投入的市场反应探析》，《科技进步与对策》2009 年第 26 卷第 8 期。

［116］马剑虹：《组织决策的影响力分布》，《心理学报》1997 年第 1 期。

［117］马庆国：《管理统计》，科学出版社 2002 年版。

［118］马如飞：《企业研发组织模式选择——基于交易成本理论和资源基础理论的实证检验》，《科学学与科学技术管理》2011 年 1 月。

［119］茆训诚：《产品差异化视角的企业研发组织模式动态选择研究》，《上海经济研究》2009 年第 1 期。

［120］赵剑波、王欣、沈志渔：《创新型企业研发支撑体系的构建和激励政策研究》，《新视野》2014 年第 2 期。

［121］苗东升：《系统科学大学讲稿》，中国人民大学出版社 2007 年版。

［122］潘颖雯、温春燕：《三种不确定性对研发人员激励契约影响实证研究》，《商业研究》2013 年第 7 期。

［123］邱建华：《企业技术协同创新的运行机制及绩效研究》，中南大学博士学位论文，2013 年。

［124］屈韬：《研发国际化战略对跨国公司自组织及空间组织模式的影响》，《国际贸易》2009 年第 6 期。

［125］荣泰生：《SPSS 与研究方法》，五南图书出版公司 2006 年版。

［126］肖文、林高榜：《政府支持、研发管理与技术创新效率——基于中国工业行业的实证分析》，《管理世界》2014 年第 4 期。

［127］史欣向、陆正华：《研发效率对企业绩效的影响：基于企业层面数据的实证研究》，《科技政策与管理》2010 年第 7 期。

［128］苏世伟、聂影：《技术创新的市场需求诱导效应研究》，《南京林业大学学报》（自然科学版）2007 年第 6 期。

[129] 孙韬：《东北装备制造业技术创新支撑体系研究》，吉林大学博士学位论文，2011年。

[130] 汪应洛、向刚：《企业持续创新机遇分析》，《昆明理工大学学报》（理工版）2004年第6期。

[131] 王春法：《技术创新政策：理论基础与工具选择》，经济科学出版社1998年版。

[132] 王兴成：《知识革命与知识经济》，《科学学研究》1998年第3期。

[133] 冯冰：《基于创新价值链视角下的高技术产业技术创新效率的影响研究》，中国科学技术大学博士学位论文，2017年。

[134] 王桢：《企业技术创新的风险管理研究》，《生产力研究》2011年第4期。

[135] 王宗良、朱斌：《五代R&D管理模式比较研究》，《科技进步与对策》2006年第8期。

[136] 魏江、许庆瑞：《企业技术创新机制的概念、内容和模式》，《科技进步与对策》1994年第6期。

[137] 魏江、叶波：《企业集群中的技术学习分工和知识流动》，《科学学与科学技术管理》2002年第9期。

[138] 吴贵生：《技术创新管理》，清华大学出版社2000年版。

[139] 吴延兵：《R&D与生产率：基于中国制造业的实证研究》，《经济研究》2006年第11期。

[140] 刘良灿、李文、张同建：《面向新产品开发的集成创新中知识转化动力机制实证研究——基于国有企业的数据检验》，《科技管理研究》2016年第1期。

[141] 肖红军、赵剑波：《创新型企业组织结构呈开放性特征》，《中国社会科学报》2013年9月25日。

[142] 熊彼特：《经济发展理论：对利润、资本、信贷、利息和经济周期的探究》，中国社会科学出版社2009年版。

[143] 徐斌：《跨国公司研发组织形式选择的影响因素与模型研究》，《科学学与科学技术管理》2011年第32卷。

[144] 徐和平、孙林岩、慕继丰：《产品创新网络中的信任与信任机制探讨》，《管理工程学报》2004年第2期。

[145] 高宏伟、肖广岭、李峰、刘烨：《产业技术创新联合主体：概念、类型与特征研究》，《科学学研究》2018 年 1 月。

[146] 薛求知、王辉：《西方企业 R&D 的演进及其启示》，《研究与发展管理》2004 年第 16 卷第 3 期。

[147] 侯沁江、蔺洁、陈凯华：《中国新能源汽车产业的创新系统功能》，《经济管理》2015 年第 9 期。

[148] 杨忠直：《商业生态学与商业生态工程探讨》，《自然辩证法通讯》2003 年第 4 期。

[149] 袁健红、吴利华：《影响高新技术企业绩效的因素分析》，《中国科技论坛》2003 年第 1 期。

[150] 约瑟夫·熊彼特：《经济发展理论》，商务印书馆 1990 年版。

[151] 约瑟夫·熊彼特：《经济发展理论》，中国商业出版社 2009 年版。

[152] 翟瑞瑞：《技术创新模式组合对企业创新绩效的影响研究——基于企业异质性的视角》，北京邮电大学博士学位论文，2017 年。

[153] 朱清：《产学研知识创新联盟运行风险控制研究》，哈尔滨工业大学博士学位论文，2017 年。

[154] 张培刚等：《新型工业化道路的工业结构优化升级研究》，《华中科技大学学报》（社会科学版）2007 年第 2 期。

[155] 张威、姜岚：《企业技术创新的动力机制研究》，《理论导报》2009 年第 6 期。

[156] 张运生：《高科技产业创新生态系统耦合战略研究》，《中国软科学》2009 年第 14 期。

[157] 张运生、郑航：《高科技企业创新生态系统风险评价研究》，《科技管理研究》2009 年第 7 期。

[158] 国家统计局：《2017 年我国研发经费投入强度为 2.12%》，http://www.stats.gov.cn/tjsj/zxfb/201802/t20180213_1583420.html。

[159] 郑勤朴：《浅谈定量评价企业持续创新能力》，《理论与现代化》2001 年第 5 期。

[160] 钟耕深、刘鹏、于莉：《高科技品牌企业的研发组织模式及选择原则》，《科学学与科学技术管理》2007 年 9 月。

[161] 周大铭：《企业技术创新生态系统运行研究》，哈尔滨工程大学博士

学位论文，2012 年。

［162］王发明、朱美娟：《创新生态系统价值共创行为影响因素分析——基于计划行为理论》，《科学学研究》2018 年第 2 期。

［163］朱斌、王渝：《我国高新区产业集群持续创新能力研究》，《科学学研究》2004 年第 22 期。

［164］宗文、李晏墅、宗盟：《组织心理视角下企业创新决策机理研究》，《江苏社会科学》2011 年第 3 期。

［165］陶厚永、孙伟民：《移动互联时代工程科技人才开发策略创新研究》，《江苏大学学报》（社会科学版）2018 年第 2 期。

［166］林婷婷：《产业技术创新生态系统研究》，哈尔滨工程大学博士学位论文，2012 年。

［167］夏惠娟、薛镭、陆园园：《高阶梯队理论视角下控制权对不同背景领导者与研发投入间关系的调节机制》，《技术经济》2017 年第 5 期。

［168］刘德胜、张玉明：《R&D 支出驱动中小企业绩效有效性》，《科技与经济》2010 年第 1 期。

［169］刘勇、张郁：《低碳经济的科技支撑体系初探》，《科学管理研究》2011 年第 2 期。

［170］梁偲、李万、张宓之：《增强企业技术创新主体作用研究——以上海为例》，《科技创业月刊》2018 年第 1 期。

［171］刘友金：《企业技术创新集群行为的行为生态学研究——一个分析框架的提出与构思》，《中国软科学》2004 年第 1 期。

［172］李燕、伍文中：《基于 Super－SBM 的珠三角 R&D 投入产出绩效评价研究》，《会计之友》2018 年第 2 期。

［173］柳卸林：《技术创新经济学》，中国经济出版社 1993 年版。

［174］廖泉文：《烧开水理论——证明存在的过程》，《中国人力资源开发》2005 年第 4 期。

［175］汪涵玉、朱和平：《R&D 投入与制造类企业绩效的关系研究——基于高管激励的调节效应》，《财会通讯》2018 年第 17 期。

［176］颜泽贤、范冬萍、张华夏：《系统科学导论——复杂性探索》，人民出版社 2006 年版。

［177］赵静、王玉平：《支撑高校科研的团队式知识服务》，《图书情报知

识》2005年第4期。

［178］高传贵、辛杰：《企业文化对企业自主创新绩效的影响——组织学习能力的中介作用》，《东岳论丛》2018年第4期。

［179］张钢、许庆瑞：《文化类型、组织结构与企业技术创新》，《科研管理》1996年第17期。

［180］张海洋：《我国工业R&D生产效率和影响因素：基于省级大中型工业数据的实证分析》，《科学学研究》2008年第5期。

［181］王欣、徐明：《企业创新组织软环境、知识管理、创新绩效——动态环境下有调节的中介作用模型》，《华东经济管理》2018年第2期。

［182］张茉楠：《不确定性情境下行为决策研究之综合述评》，《现代管理科学》2004年第11期。

［183］张茉楠：《认知透视：企业家自我效能在决策中的运演》，《商业研究》2004年第14期。

［184］张晨芝、毛蕴诗：《技术创新动力研究》，《现代管理科学》2009年第6期。

［185］宋萌、王震、张华磊：《领导跨界行为影响团队创新的内在机制和边界条件：知识管理的视角》，《管理评论》2017年第3期。

［186］喻雁：《研发支出与企业绩效相关性的实证分析——以创业板上市公司为研究对象》，《会计之友》2014年第36期。

［187］孙维峰、孙华平：《多元化战略、企业研发支出与企业绩效的关系》，《技术经济》2013年第3期。